JÉSUS-CHRIST

DEVANT LES

CONSEILS DE GUERRE

PAR

VICTOR MEUNIER.

TROISIÈME ÉDITION.

PRIX : 25 CENTIMES.

PARIS

LIBRAIRIE PHALANSTÉRIENNE, 25, QUAI VOLTAIRE

LIBRAIRIE SOCIÉTAIRE, 2, RUE DE BEAUNE

M DCCC XLIX

Imprimerie d'E. DUVERGER, rue de Verneuil, n. 4.

AVERTISSEMENT
DE LA TROISIÈME ÉDITION.

JÉSUS-CHRIST DEVANT LE CONSEIL DE GUERRE a paru dans la *Démocratie pacifique* du 28 août 1848.

Cette première publication ayant été rapidement enlevée, une seconde édition, considérablement augmentée, a paru à la suite du SOCIALISME DEVANT LE VIEUX MONDE, par M. Victor Considerant.

La présente édition est conforme à la seconde. Nous la faisons précéder de la Table des matières de l'ouvrage de M. Considerant, auquel nous renvoyons le lecteur (1), et dont nous reproduisons seulement le § 42 qui était, dans cet ouvrage, l'introduction spéciale de l'écrit de M. Victor Meunier.

La question posée est celle-ci :

Le Christianisme, sur lequel s'appuient les ennemis du Socialisme pour l'écraser, n'est-il pas allé lui-même aux conséquences les plus audacieuses des partis les plus extrêmes du Socialisme moderne? — Que le lecteur en juge.

TABLE DES MATIÈRES

DU

SOCIALISME DEVANT LE VIEUX MONDE.

(1) LE SOCIALISME DEVANT LE VIEUX MONDE, OU LE VIVANT DEVANT LES MORTS, par Victor Considerant, Représentant du peuple; troisième tirage sur clichés corrigés. Un volume format in-8°, prix : 2 fr. ; Paris, librairie Phalanstérienne, 25, quai Voltaire, et chez les principaux libraires de Paris et des départements.

NOTA. La partie de cet ouvrage comprise depuis le § 18 l'*Hydre du
Socialisme* jusqu'au § 22 inclusivement, contenant la revue de tous les
systèmes Socialiste contemporain, a été tirée à part sous le titre de
PANDÉMONIUM SOCIALISTE, et se trouve à la Librairie phalanstérienne,
in-8° de 100 pages : Prix 75 centimes.

Voici maintenant le paragraphe 42 de l'ouvrage dont on
vient de voir la table.

§ 42. Aux Chrétiens sincères aussi bien qu'aux Pharisiens catholiques
et protestants.

Cette sainte Religion chrétienne, cet Evangile de liberté
et de fraternité, on sait ce que, les temps du Christianisme
primitif une fois passés, nous en avons vu faire. Une alliance anti-chrétienne avait été conclue entre les puissances
de l'Eglise et les puissances du Monde, et la Religion de liberté était devenue une théocratie, un fétichisme et un bâil-
lon. Jamais plus grand crime n'a été commis sur la terre
que la corruption séculaire de cette Religion.

On sait quels combats gigantesques ont été livrés depuis
Luther jusqu'à la fin du siècle dernier contre cette pétrifi-
cation théocratique. Tous nos bourgeois réactionnaires ont
encore les bustes de Voltaire et de Rousseau dans leur ca-

binet. Les voilà cependant qui n'ont pas honte de faire volte-face et d'invoquer, athées et païens qu'ils sont, non point l'Evangile, ils l'auraient en horreur, mais cette religion arrangée, sous le nom du Christianisme, pour endormir le peuple, pour le mâter, pour lui apprendre qu'il doit se crever de travail, souffrir, travailler, souffrir encore, travailler toujours, et qu'il ne doit pas être heureux en ce monde, parce que Dieu ne le veut pas.

Eh bien, notre siècle ne s'y trompera pas comme il a été permis au précédent de le faire. Notre siècle remonte aux sources du Christianisme, et, loin d'attaquer le Christianisme, c'est avec le Christianisme qu'il s'apprête à vous écraser, pharisiens hypocrites.

Le Christianisme a été dirigé contre le vieux *Monde*, contre la Civilisation romaine, contre la société païenne de son temps.

Or, votre société est toujours la société païenne et romaine. Vos esclaves sont des prolétaires, des ouvriers, des manœuvres, des domestiques, voilà la différence : et pour l'égoïsme, pour le matérialisme, pour l'avidité, la cupidité et toutes les passions basses et viles, votre société rendrait des points à celle d'Auguste et de Caligula. L'Evangile témoigne contre votre société, et les temps sont passés où vous pouviez facilement faire du Christianisme un instrument d'oppression et d'exploitation.

Voyons donc, ô vous tous qui combattez le Socialisme aujourd'hui, vous d'abord les catholiques pharisiens, vous les anti-chrétiens de l'*Univers*, et tous ceux de votre Ecole, hommes de domination, de mensonge, d'aigreur et de fureur, vous qui servez si bien à ruiner au reste le faux christianisme, le christianisme théocratique, qu'avez-vous à dire des propositions socialistes extraites des livres saints, que voici réunies dans JÉSUS-CHRIST DEVANT LES CONSEILS DE GUERRE ?

Et vous que nous ne confondons pas avec ceux-ci, vous qui n'êtes pas des artisans de fiel, de haine et de mensonge, mais qui, par ignorance du caractère primitif et véritable du Christianisme, croyez devoir tenir en abomination tout ce qui, de près ou de loin, touche au Socialisme, lisez ! vérifiez les citations ! et dites-nous quelles impressions font sur vous ces paroles ? Ce sont des Saints, des Docteurs, des Pères, des Apôtres qui parlent le langage des Socialistes, un langage souvent plus violent que celui des plus radicaux parmi ceux-ci ?

Et vous, Prêtres !

Et vous, Evêques !

Et vous, notre Saint-Père Pie IX, qui avez, au début de votre pontificat, lancé une Encyclique contre le Socialisme !

Ah! certes, quand le Socialisme ne tirait ses propositions que de lui-même, vous pouviez passer dédaigneusement et garder le silence.

Mais aujourd'hui, ô Clergé! c'est avec vos propres textes, les textes sacrés, les textes des écritures, que le Socialisme marche à la conquête des âmes!

Vos plus grands Saints étaient de grands, de terribles socialistes!

Il n'y a plus moyen de se taire! il faut parler. Les fidèles attendent ce que vous direz devant ces textes redoutables.

Et ceci n'est pas tout, hélas! c'est une affaire qui ne fait que commencer. Le Socialisme, ayant mis la main à l'étude des premiers siècles, vous en réserve bien d'autres.....

Pour moi, je ne crains pas de dire que les Apôtres et les premiers chrétiens se sont trompés en faisant du Communisme; que les Docteurs et les grands Saints des premiers siècles se sont trompés en soutenant qu'il était criminel de tirer du capital un revenu, quelque menu fût-il.

S'ils avaient l'AMOUR du peuple, ils n'avaient pas encore la SCIENCE SOCIALE.

Je ne me crois nullement obligé de partager leur manière de voir, leurs exagérations sur ces objets. Mais vous! voyons: vous voici forcés de parler. Il faut vous taire aujourd'hui devant les communistes, reconnaître même leur orthodoxie, ou bien il vous faut foudroyer plusieurs Apôtres, damner vos plus grands Saints et brûler l'Evangile.....

Que voulez-vous que pensent les fidèles en voyant vos anathèmes anti-socialistes tombant tout droit sur la tête des plus grands Docteurs de l'Eglise?

Et que doivent-ils croire en présence de ces citations redoutables qui pulvérisent les bases légales et économiques de la société d'iniquité qu'ils ont maudite et dont vous vous êtes faits les plus acharnés souteneurs?

Il faut pourtant prendre un parti!

Il faut qu'on sache avec qui vous êtes!

Etes-vous pour ou contre l'intérêt du capital?

Reniez-vous les décisions des Pères, des Docteurs et des Conciles contre le rendement de l'argent, et par conséquent de la terre et de toute valeur?

Etes-vous avec les Pères, avec les Apôtres, avec les Docteurs, avec les Conciles du côté de Proudhon?

Ou bien contre les Pères, contre les Docteurs, contre les Apôtres, contre les Conciles du côté des Economistes!

Parlez! vous ne pouvez plus vous taire, Docteurs de l'Eglise, Prédicateurs, Evêques, Archevêques, CARDINAUX, PAPE!

Il faut enfin que le VRAI SENS du Christianisme éclate. Il faut qu'on sache où sont les vrais chrétiens, et où sont les hérétiques, les traîtres à l'Evangile.

Le Socialisme s'élève du sein des peuples ;

C'est un mouvement bien autrement fort et profond que celui de la Philosophie du dix-huitième siècle ;

Le Socialisme revendique pour lui l'Evangile et les pures traditions de la Religion des faibles et des opprimés. Il expose ses titres et ses témoignages.

Qu'ont à dire ceux qui se prétendent les gardiens des témoignages, les conservateurs de la parole ? Qu'ils parlent donc !

Mais ils ne parleront pas ! Ils ne parleront pas, car ils comprennent que le temps est venu où la lumière si longtemps mise sous le boisseau va briller de tout son éclat, illuminer les peuples et couvrir de confusion ceux qui ont voulu faire du Christianisme une religion d'oppression et d'exploitation.

Vous vous tairez devant ces textes.

Vous vous tairez, c'est moi qui vous le dis.

Vous laisserez le VENIN extrait des écritures, des livres des Pères et des docteurs, couler dans le Peuple, troubler les consciences timorées et propager rapidement le Socialisme ; mais bientôt, à mesure que la liberté pénètrera dans le monde et que le véritable sens de l'Evangile et du Christianisme se révèlera aux populations, le clergé secondaire, le clergé démocratique, le clergé prolétaire, opprimé, esclave, se lèvera comme un seul homme et proclamera luimême avec nous le sens libérateur.

Scribes, Pharisiens, Princes des prêtres, votre heure est proche.

Pourquoi ?

Parce que voici l'heure de la Démocratie, c'est-à-dire de l'Evangile dans le Monde et dans l'Eglise. Régénération de l'Eglise et rénovation du Monde !

Et vous sceptiques, athées, mécréants, fils de Voltaire, gens habiles qui venez de cimenter votre édifiante union avec l'autel du Christianisme paganisé, dites-nous donc un peu aussi votre opinion sur la doctrine des grands Saints, des Pères et des Apôtres touchant l'intérêt du Capital et les objets de Socialisme !

V. CONSIDERANT.

(Socialisme devant le Vieux Monde,
pages 210 et suiv·)

JÉSUS-CHRIST

DEVANT

LES CONSEILS DE GUERRE

Par VICTOR MEUNIER.

Deuxième édition considérablement augmentée.

Au Citoyen procureur-général de la République.

Citoyen,

J'ai l'honneur de vous annoncer que je viens d'achever et que je compte publier très prochainement l'HISTOIRE DE LA CONSPIRATION DE BABEUF POUR L'ÉGALITÉ.

Mon héros n'a pas précisément suivi la ligne tracée par le décret salutaire qui interdit toute discussion de la propriété. Mais :

Scribitur ad narrandum non ad probandum. J'écris pour raconter et non pour rien prouver.

Datée de l'an premier de l'état de siége, cette déclaration sera-t-elle taxée de pusillanimité? Vous n'y verrez qu'un éclatant témoignage de ma soumission aux lois de mon pays.

Comme l'a dit l'Assemblée dans une proclamation en date du 23 juin :

LE DROIT EST DANS L'OBÉISSANCE (P).

Je suppose, que l'histoire n'est point comprise dans *ce que* le général Cavaignac *a repris à la liberté* (Q), dans l'intérêt de la République; — semblable au chirurgien qui ampute un membre pour faire profiter les autres, — avec cette différence ou cette analogie que le membre n'est perdu que jusqu'au jour du jugement et de la résurrection.

C'est l'histoire de maître Pancrace et de son œil.

— Perdrai-je l'œil? lui dit messer Pancrace.

— Non, mon ami; je le tiens dans ma main.

Assurément, si, comme la chose eut lieu ailleurs il y a quelques dix-huit siècles, un homme paraissait aujourd'hui sur les rives de la Seine, et qu'il allât prêchant dans les rues et les carrefours :

L'abolition de l'exploitation de l'homme par l'homme ;

Et la communauté des biens ;

Injuriant les prêtres et les magistrats, traitant les commerçants de voleurs, lançant l'anathème aux riches, soufflant dans l'âme des pauvres des espérances insensées, vivant dans la société du bas-peuple, et n'ayant d'ailleurs ni domicile connu, ni moyens d'existence avérés ;

Si, groupés autour de ce clubiste en plein vent, de nombreux disciples se faisaient l'écho d'une doctrine subversive des lois, des mœurs, de la religion, de la famille, de la patrie et de la propriété; mettant cette doctrine en pratique, poussant les simples à vendre leurs biens et à en distribuer le prix à tous, *selon le besoin que chacun en aurait*; s'ils appliquaient sans vergogne ce conseil éminemment communiste du Maître: « En quelque maison que vous entriez, demeurez-y, mangeant et buvant ce qu'on vous donnera. » — Ah ! heureusement il y a des commissions militaires à Paris.

Je dis donc, que, si le divin Jésus, ses Saints Apôtres et les plus illustres Pères de l'Eglise renaissaient parmi nous, et que, séduits par leurs paroles, nous voulussions pratiquer ou seulement propager leurs doctrines, nous ne pourrions le faire sans violer notre DROIT D'OBÉISSANCE aux lois de la République et sans voir entraver cette précieuse *liberté d'aller et de venir* que la Constitution avait d'abord l'intention de nous reconnaître.

Ceci a-t-il besoin de démonstration? Peut-être. Tel se croit chrétien dont la religion consiste à assister aux offices, à s'humilier devant le prêtre, à s'approcher de la sainte table. Quelle erreur, citoyen! et combien de dévotes s'enfuiraient épouvantées si, du vestibule de la religion, pénétrant dans le temple, elles étaient sommées de pratiquer ces œuvres en l'absence desquelles la foi est de nulle valeur, au diré de saint Jacques. — D'ailleurs, l'éclaircissement de cette thèse n'est pas inutile au succès de la petite précaution oratoire dont j'ai cru juste autant que nécessaire de faire précéder mon travail. Permettez donc que, dans un de vos moments perdus, j'aie l'honneur de vous faire connaître le Christ et ses Apôtres.

§ I.

Leurs maximes fondamentales, ô fidèles, l'auriez-vous cru ! nous jettent en plein communisme.

Entre une infinité de citations, je prends au hasard les suivantes :

Quiconque d'entre VOUS NE RENONCE PAS A TOUT CE QU'IL A, ne peut être mon disciple, dit le Maître. (Saint Luc, XIV, 33.)

De nombreux témoins vous attesteront, que, non contents de propager cette doctrine attentatoire à la propriété et à la famille, ils la mettent en pratique. On vous prouvera que « toutes choses sont communes entre eux, » et que, parmi eux, « personne ne dit jamais que ce qu'il possède soit à lui en particulier. »

Mais peut-être d'aussi brèves citations vous paraîtront-elles suspectes. Lisons donc ensemble les *Actes des Apôtres.*

Et tous ceux qui croyaient étaient *ensemble dans un même lieu,* ET AVAIENT TOUTES CHOSES COMMUNES ; *ils vendaient leurs possessions et leurs biens et les distribuaient* A TOUS SELON LE BESOIN QUE CHACUN EN AVAIT.

Et ils étaient tous les jours assidus au temple d'un commun accord ; et, rompant le pain de maison en maison, ils prenaient leurs repas avec joie et simplicité de cœur. (Act. des Ap., II, 44, 45, 46.)

Et ailleurs :

Or, la multitude de ceux qui avaient cru n'était qu'un cœur et qu'une âme ; ET PERSONNE NE DISAIT QUE CE QU'IL POSSÉDAIT FUT A LUI EN PARTICULIER, MAIS TOUTES CHOSES ÉTAIENT COMMUNES ENTRE EUX.

Il n'y avait personne parmi eux qui fût dans l'indigence ; parce que tous ceux qui possédaient des fonds de terre ou des maisons les vendaient, et apportaient le prix de ce qu'ils avaient vendu.

Ils le mettaient aux pieds des apôtres, et on le distribuait à chacun SELON QU'IL EN AVAIT BESOIN.

Ainsi Josès, surnommé par les apôtres Barnabas, c'est-à-dire fils de consolation, qui était lévite et originaire de Chypre,

Ayant un fonds de terre, le vendit et en apporta le prix et le mit aux pieds des apôtres. (Loc. cit., IV, 32, 34, 35, 36, 37.)

Je vous entends ; l'exemple de quelques fanatiques ne prouve rien, et l'empressement qu'on met à citer ce Josès indique assez que ceux qui se résignèrent à cet abandon de la famille et de la propriété ne furent jamais nombreux. — Le mal est bien plus grand que vous ne le pensez !

Il ne s'agit point ici, dit Salvien, d'une poignée de chrétiens. Leur petit nombre aurait pu affaiblir l'autorité de leur exemple. Il s'agit d'une multitude considérable de peuple, et l'on en peut juger par ce qui nous est rapporté dans les *Actes*, qu'au début même du christianisme 8 000 hommes, en deux jours, se joignirent à la nouvelle Eglise, sans compter les enfants et les femmes. Combien donc chaque jour ne grossit-il pas dans la suite le nombre des fidèles vivant en communauté. (Salvian, Cont. avarit. I, 3.)

Cela vous donne à penser. Voici qui va vous décider à intervenir.

Je reprends la suite du récit.

Mais un certain homme, nommé Ananias avec Saphira, sa femme, vendit une possession.

Et il retint une partie du prix, du consentement de sa femme, et il en apporta le reste, et il le remit aux pieds des apôtres.

Mais Pierre lui dit : Ananias, pourquoi Satan s'est-il emparé de ton cœur *pour te faire mentir au Saint-Esprit et* DÉTOURNER UNE PARTIE DE CE FONDS DE TERRE ?

Si tu l'eusses gardé, ne te demeurerait-il pas ? Et l'ayant vendu, n'était-il pas en ton pouvoir d'en garder le prix ? Comment cela a-t-il pu entrer dans ton cœur ? Ce n'est pas aux hommes que tu as menti, mais c'est à Dieu.

Ananias, à l'ouïe de ces paroles, *tomba et* RENDIT l'esprit ; ce qui causa une grande crainte à tous ceux qui en entendirent parler.

Je le crois bien !

Et quelques jeunes gens, se levant, le prirent, l'emportèrent et l'ensevelirent.

Environ trois heures après, sa femme, ne sachant rien de ce qui était arrivé, entra.

Et Pierre, prenant la parole, lui dit : Dis-moi, avez-vous vendu le fonds de terre autant ? Et elle dit : Oui, nous l'avons vendu autant.

Alors Pierre lui dit : Pourquoi vous êtes-vous accordés ensemble pour tenter l'esprit du Seigneur ? Voilà ; ceux qui ont enseveli ton mari sont à la porte, et ils t'emporteront.

Au même instant, elle *tomba à ses pieds* et RENDIT L'ESPRIT. Et ces jeunes gens étant entrés, ils la trouvèrent morte, et ils l'emportèrent, et l'ensevelirent auprès de son mari.

Cela donna une grande crainte à toute l'Eglise et à tous ceux qui en entendirent parler. (Act. des Apôt., IV, 36, 37, v. 1 à 11.

Si ces citations ne suffisaient pas à éclairer votre religion, je pourrais puiser à pleines mains dans les livres des commentateurs. À quelles épreuves, citoyen, vos oreilles seraient soumises. Jugez-en :

Ecoutez peuples chrétiens et comprenez, s'écrie saint Basile... Nous qui jouissons de la raison, ne nous montrons pas plus cruels que les brutes. Celles-ci acceptant les produits de la terre comme des choses naturellement communes, en usent sans distinction entre elles; les chèvres paissent toutes ensemble sur une même montagne et les brebis dans un même champ ; on voit en outre certaines espèces d'animaux se secourir mutuellement dans les besoins de la vie. *Nous, au contraire, nous nous rendons propres les choses qui sont communes,* NOUS POSSÉDONS SEULS LES CHOSES QUI APPARTIENNENT AU PLUS GRAND NOMBRE. Vénérons et imitons dans les Gentils leur genre de vie si pleine d'humanité; il existait parmi eux des nations où une heureuse coutume réunissait TOUS LES CITOYENS AUTOUR D'UNE MÊME TABLE, POUR UNE COMMUNE NOURRITURE, ET DANS UN SEUL ÉDIFICE. Mais laissons là les exemples étrangers, et que les trois mille hommes rassasiés par le Seigneur avec un petit nombre de poissons, nous servent surtout d'enseignement. Enfin, la vie des premiers chrétiens doit nous remplir d'une généreuse émulation. Dans le principe, tout était commun entre eux ; ils avaient une vie, un esprit et des sentiments communs, de même qu'une table commune ; ils étaient animés d'une fraternité réelle, et leur charité n'était pas une fiction ; ils ne formaient tous ensemble qu'un seul corps, et leurs âmes diverses se confondaient dans une même volonté. (*S. Basil, homil. in divit.*)

'Un mot de saint Jérôme :

Le juste fait de son pain le pain de la communauté. (Fragment du comment. sur le prophète Ezéchiel.)

Vous conviendrez que lorsqu'au 16 avril, au 15 mai et au 23 juin la partie modérée de notre population criait : Mort aux communistes! elle n'entendait pas accorder un bill d'indemnité à ces plagiaires de M. Cabet. L'indignation publique dit assez ce qui vous reste à faire.

§ II.

Et, ne croyez pas que ces disciples, canonisés de Jésus, se bornent à faire de la communauté des biens un conseil dont la pratique soit facultative, vous n'auriez qu'une idée incomplète de leur audace.

« LA VIE COMMUNE EST OBLIGATOIRE POUR TOUS LES HOMMES, et premièrement pour tous ceux qui veulent servir Dieu d'une manière irréprochable et imiter l'exemple des apôtres et de leurs disciples. » (Saint Clément, Act. concil.)

Saint Clément! un pape? — Eh monsieur, à qui le dites-vous? Devoir pénible! mais vous n'y manquerez pas.

Le même pape continue en ces termes :

L'usage de toutes les choses qui sont en ce monde doit être commun à tous les hommes. C'est L'INIQUITÉ QUI A FAIT DIRE A L'UN : CECI EST A MOI ; ET A L'AUTRE : CELA M'APPARTIENT. DE LA EST VENU LA DISCORDE ENTRE LES MORTELS. (Saint Clément I. P. act. concil.)

Ainsi Rousseau ne l'avait pas inventé !

Saint Ambroise ajoute son venin à celui de saint Clément. — Quels saints, citoyen procureur !

« La nature fournit en commun tous les biens à tous les hommes. Dieu a en effet créé toutes choses afin que la jouissance en fût commune à tous et que la terre devint la possession commune de tous. La NATURE A DONC ENGENDRÉ LE DROIT DE COMMUNAUTÉ, ET C'EST L'USURPATION QUI A PRODUIT LE DROIT DE PROPRIÉTÉ. » (*Serm. 64, in luc, cap.* 16.)

Et l'état de siége ?

Ces moutons, que leur docilité a rendus si fameux, ne suivaient pas la file plus exactement que ne le font ces chrétiens. J'aurais des volumes à citer : un passage de saint Grégoire le Grand, et nous nous en tiendrons là pour aujourd'hui.

« *Qu'ils sachent*, s'écrie saint Grégoire, *que la terre d'où ils ont été tirés* EST COMMUNE A TOUS LES HOMMES, ET QUE, DÈS LORS, LES FRUITS QU'ELLE PORTE LEUR APPARTIENNENT A TOUS INDISTINCTEMENT. (S.-Grég., cur., Past. Voy, 3 adm. 22.)

Qu'on me ramène... à la liberté.

Eh bien! ce n'est rien! rien!! rien!!!—Vous fermez vos oreilles à ces prédications immorales, vous refusez de participer à un genre de vie énergiquement flétri par les républicains vertueux, et vous vous dites : « Voilà ; je vivrai à ma façon ; je m'adonnerai tout entier à mon honnête commerce, achetant à bas prix, vendant cher ; ou bien je jouerai loyalement à la hausse et à la baisse, et j'amasserai à la sueur du front de mes salariés une fortune pour mes enfants. » — Or, vous vous croyez quitte avec ces » fauteurs et instigateurs de rébellion » comme l'Assemblée les qualifie si justement. Ah! que vous les connaissez mal!

§ III.

Ils contestent, que dis-je ? Ils vont jusqu'à refuser formellement aux riches le droit de disposer de leurs biens comme ceux-ci pourraient l'entendre. Ce n'est pas assez que leur Maître ait dit : « Les riches ne sont que les économes des biens des pauvres. » Ils amplifient. Un nommé Jean, auquel une certaine facilité d'élocution a valu le surnom de Bouche d'or (saint Jean Chrysostôme), a dit, a écrit :

Vous n'avez pas reçu votre bien pour le dévorer et le prodiguer, mais pour en faire l'aumône. C'est le bien commun des pauvres que Dieu vous a confié. *Quoi que vous l'ayez acquis par de justes travaux, quoi qu'il vous soit venu par la succession paternelle, si vous n'assistez pas les indigents* JUSQU'A CON· CURRENCE DE VOTRE BIEN, VOUS N'ACCOMPLISSEZ PAS CE QUE VOUS DEVEZ. (S. Jean Chrysost. de Lazat. concio 2.)

Dans quel guêpier, citoyen procureur, les dévotes étaient tombées et quel cierge elles me devront ! Vous croyez que c'est tout ? Voici un sieur Basile qui apostrophe les riches en ces termes :

Malheureux que vous êtes, que répondrez-vous au grand juge ? Vous couvrez de tapisseries la nudité des murailles, et ne couvrez pas de vêtements celle des hommes ! Vous parez les chevaux de housses précieuses et très riches, et vous méprisez votre frère qui est couvert de haillons ! Vous laissez pourrir ou ronger du blé dans des granges ou des greniers et ne daignez point jeter les regards sur ceux qui n'ont pas de pain ! Vous gardez de l'argent en réserve, et vous n'avez aucun soin de re· lever ceux que la nécessité abat ou opprime ! Vous me direz : « A qui fais-je tort, si je retiens et conserve ce qui est à moi ? » Et moi je vous demande quelles sont les choses que vous dites être à vous ? de qui les avez-vous reçues ? *Vous faites comme un homme qui étant au théâtre et s'étant hâté de prendre les places que les autres pourraient prendre, les voudrait tous empêcher d'entrer,* APPLIQUANT A SON SEUL USAGE, CE QUI EST LA POUR L'USAGE DE TOUS. C'EST AINSI QUE FONT LES RICHES, et s'étant mis les premiers en possession de choses qui sont communes, ils se les rendent propres en les possédant ; car si chacun ne prenait que ce qui lui est nécessaire pour sa subsistance et qu'on donnât le reste aux indigents, il n'y aurait ni riches ni pauvres. (*S. Basil magn. concio de divit. et paupert.*)

— Eh ! malheureux, comment les pauvres vivraient-ils s'il n'y avait plus de riches ? « Les riches sont l'estomac, dit Menennius, et les pauvres sont les membres. » Pourquoi les membres travailleraient-ils si ce n'était pour emplir la panse ? — Vous avez raison, citoyen le procureur, cela est élémentaire, mais que voulez-vous !

Ils se tiennent tous entre eux comme les doigts de la main. Ecoutez saint Ambroise :

Qu'y a-t-il d'injuste dans ma conduite, dis-tu, si, respectant le bien d'autrui, je conserve avec soin mes propriétés personnelles ? O IMPUDENTE PAROLE ! Quelles sont ces propriétés dont tu parles ?

D'où tiens-tu les choses que tu possèdes en ce monde ? Quand tu apparus au jour, quelles richesses as-tu apportées avec toi ?.... LA TERRE AYANT ÉTÉ DONNÉE EN COMMUN A TOUS LES HOMMES, PERSONNE NE PEUT SE DIRE PROPRIÉTAIRE DE CE QUI DÉPASSE SES BESOINS NATURELS DANS LES CHOSES QU'IL A DÉTOURNÉES DU FONDS COMMUN ET QUE LA VIOLENCE SEULE LUI CONSERVE. Rappelle-toi que tu es sorti nu du ventre de ta mère et que tu rentreras également nu dans le sein de la terre. (S. Ambros., serm. 64 in luc., cap. 46.)

Voulez-vous voir jusqu'où l'on peut descendre quand on s'est une fois écarté du sentier de l'honneur ?

« QUICONQUE POSSÈDE SUR LA TERRE EST INFIDÈLE A LA LOI DE JÉSUS-CHRIST » dit saint Augustin. (*Credit, de comptempt mundi. Tract. 9, cap. 2.*)

Et d'un.

« La richesse et l'avarice sont la source de tous les maux. »

Ceci est de saint Paul.

Quant au chef d'avarice, dites vous, je suis désintéressé dans la question. En êtes-vous bien sûr ?

L'avarice, à parler généralement, c'est, dit saint Astere, la passion d'avoir plus que le nécessaire. (S. Asterius. homil. 3. advers) (avarit.)

Ces gens là se sont à ce point identifiés avec ces folies, qu'ils mettent parfois à les exprimer une naïveté charmante. Voyez le bon trait de comédie :

De toutes les maladies de l'âme, la plus exécrable est la funeste passion de conserver ses richesses. (*Salvian cont. avarit lib. 1.*)

Oui, mais tout cela est sérieux, très sérieux !

Ce sera, si vous le voulez, l'histoire du serpent et de la lime, mais toujours est-il que les fondements de la société sont atteints par des discours du genre de celui-ci :

Allez, dit Jésus-Christ, et vendez non pas une partie de votre bien, mais tout ce que vous possédez, et donnez-le, non pas à vos amis, à *vos parents*, à VOTRE FEMME, A VOS ENFANTS ; et pour dire encore quelque chose de plus, ne vous en réservez rien du tout par une timide prévoyance, de peur que vous ne soyez puni comme Ananie et Saphire ; mais donnez tout aux pauvres, et employez ces richesses d'iniquité à vous faire des amis qui vous reçoivent dans les tabernacles éternels. (St-Jérôme. *Lettre à Julianus.*)

Voulez-vous me dire ce qui resterait de la famille ? Ils l'ont attaquée bien plus rudement encore, vous le verrez dans un moment. Remarquez seulement que ce passage de saint Jérôme renferme une véritable menace à l'adresse de ceux qui ne se mettent pas nus comme la main, eux et leurs femmes et leurs enfants aussi. Et quelle menace ! le sort d'Ananie et de Saphire ! Procureur général, hésiteriez vous encore ?

Du reste, il dit vrai quand il invoque l'autorité de Jésus-Christ.

Donnez- en aumônes ce que vous avez, et toutes choses vous seront pures. (S. Luc, XI, 41.)

On raconte qu'un pauvre jeune homme auquel ces dangereuses prédications avaient tourné la tête (c'était du reste un homme honorable, « possédant de grands biens ») vint trouver Jésus-Christ.

Et s'étant mis à genoux devant lui, il lui demanda : Mon bon maître, que dois-je faire pour obtenir la vie éternelle ?

Mais Jésus lui répondit : Pourquoi m'appelles-tu bon ? Il n'y a qu'un seul bon, c'est Dieu.

Tu sais les commandements : Ne commets point d'adultère, ne tue point, ne dérobe point, ne dis point de faux témoignage, ne fais tort à personne, honore ton père et de ta mère.

Il répondit : Maître, j'ai observé toutes ces choses dès ma jeunesse.

Et Jésus, ayant jeté les yeux sur lui, l'aima et dit : VA VENDS TOUT CE QUE TU AS et LE DONNE AUX PAUVRES, et tu auras un trésor dans le ciel ; après cela viens et suis-moi t'étant chargé de ta croix.

Le jeune homme prouva bien qu'il n'avait pas complètement perdu la raison. Il s'en alla ; « tristement, » dit-on, mais enfin il s'en alla ; « car il avait de grands biens, » ajoute bêtement le nouvelliste.

Sur quoi Jésus-Christ fait cette méchante remarque :

Qu'il est difficile que ceux qui ont des richesses entrent dans le royaume de Dieu.

Et ses disciples furent étonnés de ce discours. Mais Jésus, reprenant la parole, leur dit : Mes enfants, qu'il est difficile à ceux qui se confient aux richesses d'entrer dans le royaume de Dieu !

Il est plus aisé qu'un chameau passe par le trou d'une aiguille qu'il ne l'est qu'un riche entre dans le royaume de Dieu.

Mais puisque tous, tant que nous sommes, nous avons eu le malheur d'être élevés dans des doctrines répudiées aujourd'hui par les gens de bien ; permettez que j'écrive un paragraphe à l'adresse de ceux dont l'esprit droit et le cœur candide n'ont point su découvrir le piège qui leur est tendu. Ils ont cru que la foi aux mystères suffisait pour leur mériter le titre de chrétiens dans cette vie et le salut dans l'éternité. Qu'ils écoutent la brutale parole de saint Jacques, et leur illusion cessera.

§ IV.

Tu crois qu'il y a un seul Dieu, leur crie saint Jacques; tu fais bien : les démons le croient aussi, et ils en tremblent. (Epît. cath., cp. ii, v. 19.)

Ainsi, Monsieur, la foi sans les œuvres ne serait pas même une marque distinctive entre nous et le diable !

Ces paroles pleines de compassion et de douceur, dont vous êtes si généreusement prodigues, chères sœurs, envers les pauvres, ne sont, je dois vous en prévenir, d'aucune utilité pour votre salut.

Si un frère ou une sœur sont nus, et qu'ils manquent de la nourriture qui leur est nécessaire chaque jour;

Et que quelqu'un d'entre vous leur dise : Allez en paix, chauffez-vous et vous rassasiez, et que vous ne leur donniez point ce qui est nécessaire pour leur corps, à quoi cela servira-t-il? (*Ib.*, v, 15, 16.)

Et sachez, blanches brebis, qu'il ne demande pas de quelle utilité ce serait pour le prochain; mais, question bien autrement sérieuse, à quoi cela servirait à vous-mêmes !

Que servira-t-il à un homme de dire qu'il a la foi, s'il n'a pas les œuvres? Cette foi le pourra-t-elle sauver? (*Ibid.*, 14.)

A ces paroles si nouvelles pour vous, je vous entends, douces habituées des saints lieux : « A quel prix mériterons-nous donc la béatitude éternelle? « Et en effet, si élevé qu'en soit le prix, un tel marché serait un bon placement. Mais, pieuses égoïstes, avez-vous oublié les paroles du Sauveur, ou ne vous en a-t-on pas dit la portée?

Aimez Dieu par dessus toutes choses et votre prochain comme vous même.

Trouvez-vous le conseil trop vague?

Toutes les choses que vous voulez que les hommes vous fassent, faites-les leur aussi de même, car c'est là la loi et les prophètes. (Matth. VII, 2.)

Ne comprenez-vous point encore?

Vendez ce que vous avez et donnez-le en aumônes, dit le Seigneur. (St-Luc XII. 33.)

Vous commencez à comprendre.

Vous allez comprendre tout à fait.

Ecoutez le précurseur prêchant la repentance dans « tout le pays qui est aux environs du Jourdain » :

Il disait donc au peuple qui venait pour être baptisé par lui

Race de vipères, qui vous a appris a fuir la colère a venir....

La cognée est déjà mise à la racine des arbres. Tuut arbre donc qui ne produit pas de bon fruit va être coupé et jeté au feu.

Alors le peuple lui demanda : « Que ferons-nous donc ? »

Il leur répondit : QUE CELUI QUI A DEUX HABITS EN DONNE A CELUI QUI N'EN A POINT : ET QUE CELUI QUI A DE QUOI MANGER EN FASSE DE MÊME. » (Saint-Luc, III, 7, 9, 10, 11.)

C'est l'évêque Salvien qui vous en avertit.

Si vous ne disposez pas de vos biens en faveur des pauvres c'est que vous ne croyez point. Non, vous ne croyez point ; vous avez beau soutenir le contraire, vos actions démentent vos paroles. (Salvian, *cont. avarit, l.* 3.)

Nos biens? tous nos biens? demandez-vous de votre plus douce voix.

Oui, chères colombes, et votre vie par surcroît !

Nous avons connu ce que c'est que la charité, *en ce que Jésus-Christ a donné sa vie pour nous ;* nous devons donc aussi donner notre vie pour nos frères.

Or, celui qui aura des biens de ce monde, et qui voyant son frère dans le besoin, lui fermera ses entrailles, comment l'amour de Dieu demeurera-t-il en lui ?

Mes petits enfants, n'aimons pas seulement de paroles et de langue, mais aimons en effet, et en vérité. (1er *épit. cath.* de saint Jean, III, 16 à 19.)

C'est une chose remarquable à quel point ces gens-là s'entendent ; ainsi Saint Jérôme vous donne en d'autres termes un conseil identique :

Vous me demandez comment on peut devenir parfait... pour répondre Madame à la question que vous me proposez, je me servirai des propres paroles de Jésus Christ..... « Allez, vendez tout ce que vous avez ; donnez-le aux pauvres et suivez le Sauveur. » *Jésus-Christ ne dit pas donnez-le à vos enfants, à vos frères, à vos parents,* auxquels, quand même vous en auriez, vous seriez toujours obligée de préférer le seigneur. Mais « donnez-le aux pauvres, » ou plutôt à Jésus-Christ, QUE VOUS SECOUREZ EN LA PERSONNE DES PAUVRES ; lequel, étant riche, s'est fait pauvre pour l'amour de nous..... Comme donc vous n'avez point d'enfants, « EMPLOYEZ LES RICHESSES INJUSTES à vous faire plusieurs amis qui vous reçoivent dans les tabernacles éternels. » Ce n'est pas sans raison que l'Evangile appelle les biens de la terre, » des richesses injustes. « CAR ELLES N'ONT POINT D'AUTRES SOURCE QUE L'INJUSTICE DES HOMMES, ET LES UNS NE PEUVENT LES POSSÉDER QUE PAR LA PERTE ET LA RUINE DES AUTRES. Aussi dit-on communément, ce qui me paraît très véritable, que CEUX

QUI POSSEDENT DE GRANDS BIENS NE SONT RICHES QUE PAR LEUR PROPRE INJUSTICE, OU PAR CELLE DE CEUX DONT ILS SONT HÉRITIERS. (lettre de saint Jérôme à Hedibia.)

— Hélas, hélas! comment ferons-nous pour nous diriger dans une voie si nouvelle? — Rassurez-vous, tendres agneaux, vous aurez des pasteurs vigilants. Voici, par exemple, le conseil de saint Augustin :

. Recherchez ceux qui sont dans l'indigence, et ne dites pas : « *Si on me demande, je donnerai; car comment ferais-je de semblables recherches?* » SOYEZ CURIEUX, SOYEZ CLAIRVOYANTS; FAITES VOS EFFORTS POUR DÉCOUVRIR D'OU CHACUN TIRE SA SUBSISTANCE. Personne ne vous blâmera de cette bienveillante curiosité. Ceux qui n'osent vous demander, prévenez-les, allez au devant d'eux.

Soyez curieuses, mesdames, quoi de plus facile! mais c'est de toute nécessité; car notez-le bien :

TOUTES LES FOIS QUE NOUS MANQUONS DE DONNER L'AUMONE NOUS DEVENONS SEMBLABLES AUX RAVISSEURS DU BIEN D'AUTRUI ET DIGNES DU MÊME SUPPLICE. (St.-Jean Chrysostôme.)

Je vous entends, chrétiens et chrétiennes, vous n'aviez point su à quoi vous vous engagiez en portant ce titre, et, de fait, on ne vous a pas consultés avant de vous le décerner. Mes frères et mes sœurs, la liberté des cultes est entière, et toutes les religions sont égales devant la loi. Vous pouvez vous dédire; il n'y a rien de fait.

—Oh non! mesdames et messieurs, vous vous trompez de porte; il n'y a point à marchander.—Je vous entends bien : « Nous jeûnons quatre fois l'an. » — C'est moins que rien. Ecoutez Chrysostôme :

Si vous jeûnez sans faire l'aumône, Dieu n'agréera pas votre jeûne, IL LE REGARDERA AVEC PLUS D'HORREUR QUE LES EXCÈS DE CEUX QUI S'ENIVRENT ET QUI SE GORGENT DE VIANDE. (S. J. Chrysostôme. *De jejun et eleemos.*)

C'est à renverser toutes les idées!—Vous priez matin et soir et vous récitez votre chapelet à midi;—impossible de vous donner le salut à ce prix.

La prière tire sa force de l'aumône, dit le même saint d'après l'Ecriture. Pratiquons l'aumône d'abord et ensuite la prière. (*Id.*)

Je vous ai comprise, épouse du seigneur, et je vous arrangerais volontiers ; mais

La virginité même tient tout son éclat de l'aumône. SANS ELLE LES VIERGES LES PLUS IRRÉPROCHABLES SONT CHASSÉES DE LA CHAMBRE NUPTIALE DE L'ÉPOUX CÉLESTE. *Toute excellente qu'elle soit, la virginité n'est rien sans l'*AUMÔNE. — Sachez donc qu'il n'y a pas de salut a espérer pour celui qui néglige de pratiquer l'aumône. Quoiqu'il fasse, le riche qui ne remplit pas comme il doit l'être le précepte de la charité, PÉRIRA NÉCESSAIREMENT DANS L'AUTRE MONDE. (*ibid.*)

Pieuses et nobles dames qui poussez la charité jusqu'à faire exhibition publique de vos charmes et de vos parures dans l'intérêt de l'humanité souffrante, avec quelle absence d'égards ce rude Chrysostôme vous parle :

C'est toujours un mal de se parer avec des objets précieux ; *mais c'est un mal bien plus grand de venir ainsi à l'église et de s'exposer en cet état au regard des malheureux.* SI VOUS AVIEZ LE PROJET DE LES SOULEVER CONTRE VOUS, VOUS NE POUVIEZ TROUVER UN MOYEN PLUS EFFICACE ; CAR IL Y A DE LA CRUAUTÉ À DISSIPER AINSI POUR LA SATISFACTION DE VOTRE LUXE LES BIENS que Dieu vous a CONFIÉS pour des ŒUVRES de charité. Considérez la foule des pauvres parmi lesquels vous passez ; *Votre magnificence les irrite dans la faim qui les presse et les dévore.* ET LEUR NUDITÉ CRIE VENGEANCE CONTRE CES VÊTEMENTS SUPERBES ET CET APPAREIL DIABOLIQUE. Ne vaudrait-il pas mieux soulager l'indigence, QUE DE SE PERCER LES OREILLES POUR Y SUSPENDRE LA NOURRITURE DES PAUVRES ET LA VIE D'UNE INFINITÉ DE MALHEUREUX.

Si sévère que puisse vous paraître le Saint, oh ! qu'incomparable est sa douceur auprès du châtiment que le FILS DE L'HOMME vous réserve, si vous ne vous empressez de faire pénitence, *id est* de renoncer aux *richesses injustes,* c'est-à-dire à cette *chose d'autrui qu'on possède quand on possède le superflu.*

Et ensuite il dira à ceux qui sont à sa gauche, retirez vous de moi, maudits, et allez dans le feu éternel, qui est préparé au diable et à ses anges.

Car j'ai eu faim et vous ne m'avez pas donné à manger ; j'ai eu soif et vous ne m'avez pas donné à boire.

J'étais étranger et vous ne m'avez pas recueilli ; j'étais nu et vous ne m'avez pas vêtu ; j'étais malade et en prison et vous ne m'avez pas visité.

Et ceux-là lui répondront aussi : Seigneur, quand est-ce que nous t'avons vu avoir faim ou soif ou être étranger, ou nu, ou malade, ou en prison et que nous ne t'avons point assité ?

Et il leur repondra : JE VOUS DIS EN VÉRITÉ QU'EN TANT QUE VOUS NE L'AVEZ PAS FAIT A L'UN DE CES PLUS PETITS DE MES FRÈRES, VOUS NE ME L'AVEZ PAS FAIT NON PLUS.

ET CEUX-CI S'EN IRONT AUX PEINES ÉTERNELLES. Mais les justes s'en iront à la vie éternelle. (Saint Matt. XXV 41 à 46.)

§ V.

Eh bien, citoyen procureur, vous n'avez rien vu encore. Seulement vous voilà convenablement préparé à ce qui va suivre.

Cette maxime de M. Proudhon : La *propriété, c'est le vol*, ces prétendus saints, ces docteurs illustres, ces martyrs la répètent, la développent ; en un mot, c'est pour eux parole d'Evangile.

Accusé Basile, approchez et répondez : « Quel est celui qu'on doit regarder comme voleur ? »

SAINT JEAN-CHRYSOSTOME. Voici l'idée qu'on doit se faire des riches et des avares ; CE SONT DES VOLEURS QUI ASSIÈGENT LA VOIE PUBLIQUE, DÉVALISANT LES PASSANTS ET FONT DE LEURS CHAMBRES DES CAVERNES OU ILS ENFOUISSENT LES BIENS D'AUTRUI. (S. Joan. Chrysost. *de Lazaro concio. I.*)

M. LE PRÉSIDENT. Vous n'avez pas la parole. Basile répondez : Quel est celui qu'on doit regarder comme voleur ?

SAINT BASILE. « C'est celui qui s'approprie à lui seul ce qui est à plusieurs particuliers. *N'êtes-vous donc pas un voleur, vous qui rendez propre à vous seul ce que vous avez reçu pour le communiquer et le distribuer à plusieurs ?* » Si l'on appelle voleur celui qui dérobe un habillement, doit-on donner un autre nom à celui qui, pouvant sans se nuire, habiller un homme qui est tout nu, le laisse pourtant tout nu ? LE PAIN QUE VOUS RETENEZ CHEZ VOUS ET DONT VOUS AVEZ TROP EST AUX PAUVRES QUI MEURENT DE FAIM ; LES HABILLEMENTS QUE VOUS GARDEZ DANS VOTRE ARMOIRE SONT A CEUX QUI SONT NUS ; LES SOULIERS QUI SE MOISISSENT CHEZ VOUS SONT A CEUX QUI N'EN ONT PAS ; L'ARGENT QUE VOUS CACHEZ DANS LA TERRE EST A CEUX QUI SONT RUINÉS. » (S. Basil, *mag. de avarit.*)

Est-ce clair? « A Charenton ! » criez-vous. Vous croyez être au bout? je ne fais que commencer.

Greffier, prenez votre meilleure plume, et écrivez ce que va nous dire le sieur Grégoire dit le Grand.

UN RÉPUBLICAIN HONNÊTE : Monsieur le président, est-ce que vous êtes décidé à laisser durer cela jusqu'au bout? C'est bien violent, cependant ! (Voyez dans le *Moniteur universel* la séance de l'Assemblée nationale du 34 juillet ; discussion d'une poposition du citoyen Proudhon.)

SAINT GRÉGOIRE-LE-GRAND. « Ce n'est pas assez de ne pas ravir le bien d'autrui ; en vain ceux-là se croient innocents, qui s'approprient à eux seuls les biens que Dieu a rendus communs : *en ne donnant pas aux autres ce qu'ils ont reçu, ils deviennent* MEURTRIERS *et* HOMICIDES *parce que, retenant pour eux seuls le bien qui aurait soulagé les pauvres, on* PEUX DIRE QU'ILS EN TUENT TOUS LES JOURS AUTANT QU'ILS EN AURAIENT PU NOURRIR. Lors donc que nous donnons de quoi subsister à ceux qui sont dans la nécessité, *nous ne leur donnons pas ce qui est à nous, mais nous leur donnons* CE QUI EST A EUX. Ce n'est pas tant une œuvre de miséricorde que nous faisons, QU'UNE DETTE QUE NOUS PAYONS. » (S. Grég. *Reg. past.* p. 3. c. 22.)

VOIX DANS L'AUDITOIRE. C'est une menace à la société. — C'est un crime envers la société.— Nous ne pouvons entendre ces choses-là !— Ce sont des extravagances. Ce sont de véritables folies ! —Rappelez-le à la pudeur ! — C'est intolérable ! (*loc. cit.*)

— Gendarmes, faites venir le prévenu Grégoire. de Nysse.

SAINT GRÉGOIRE DE NYSSE. Il eût été meilleur et plus juste, puisque nous sommes tous frères et unis par les liens du sang et de la nature, que nous partageassions tous également. Que si un seul veut se rendre maître de tout le bien, le posséder tout entier et exclure ses frères de la troisième ou de la quatrième partie, *celui-là n'est pas un frère,* MAIS UN TYRAN INHUMAIN, UN BARBARE CRUEL, ou plutôt *UNE BETE FAROUCHE* DONT LA GUEULE EST TOUJOURS OUVERTE POUR DÉVORER ELLE SEULE TOUTE LA NOURRITURE DES AUTRES·

LE CHOEUR. Il fallait faire le coup de fusil le 23 juin ! —Il fallait avoir du courage ! — Où étiez-vous donc dans les journées de juin ? — Vous êtes le Marat de cette doctrine ! — C'est vous qui avez allumé l'incendie ! — Il fallait aller aux barricades (*loc. cit.*).

LE CITOYEN SENARD. Il est trop lâche, il n'ira pas. Ces gens-là appellent derrière les barricades, mais ils n'y vont pas (*loc. cit.*).

QUELQU'UN. Mandrin n'en dit pas davantage (*loc. cit.*).

<h2 style="text-align:center">§ VI.</h2>

Après cela, citoyen procureur, vous comprendrez aisément que ces gens-là aient accepté les idées du citoyen Proudhon sur la gratuité du crédit. Sur ce point, Lactance est court, mais explicite :

Il est souverainement injuste, dit-il, d'exiger *plus qu'on a donné ;* en agir ainsi, c'est exploiter le prochain, c'est spéculer perfidement sur ses besoins. (Lact. I, 8, *Inst. Div.*, c. 17.)

Non seulement ils se sont approprié ces idées détestables, mais ils les développent avec une audace qui dépasse toute croyance. Permettez que je vous expose leurs opinions sur l'honorable corporation des banquiers.

Voici le compliment que leur adresse Saint Grégoire de Nysse :

La vie du prêteur est une vie paresseuse et insatiable ; il ne connaît point les travaux des champs, il veut que tout naisse pour lui sans semence et sans culture ; *sa charrue, c'est sa plume ; son champ, c'est le billet qui lui rendra le capital et le profit* ; SA SEMENCE, C'EST SON ENCRE. Enfin, la plume destinée à féconder son travail, c'est le temps nécessaire pour que son argent augmente et lui rapporte des fruits mystérieux...; le prêteur n'a rien et il possède tout, s'arrangeant une vie toute contraire aux prescriptions des Apôtres.... Homme cupide, rends à ton frère ce que tu lui a injustement ravi! (Greg. Nyss., *Orat. contr. usurar.)*

Vous ne serez pas surpris si je vous dis que les mêmes idées anti-économiques se retrouvent dans saint Jean Chrysostôme.

Quoi de plus révoltant, s'écrie-t-il, que de prétendre semer sans champs, sans pluie, sans charrue! Mais aussi ceux qui se livrent à ce genre d'agriculture pestiféré ne récolteront que de la zizanie, qui doit être livrée au feu éternel. (Chrysost. *Homil. 57 in Matth.*)

Seulement, suivant la pieuse habitude du Saint homme, ces affreuses doctrines se trouvent chez lui mêlées d'injures et de menaces. Eh bien! Chrysostôme est plein de douceur et d'urbanité auprès de Saint Grégoire de Nysse.

Celui qui nommerait vol et parricide l'inique invention du *prêt à intérêt* ne serait pas très éloigné de la vérité. Qu'importe, en effet, que vous vous rendiez maître du bien d'autrui, en escaladant des murs et en tuant des passants, ou que vous acquerriez ce qui ne vous appartient pas par l'effet impitoyable du prêt? O dépravation du langage!... Si quelqu'un, rencontrant un voyageur, lui arrache par force ou lui soustrait par ruse ses provisions, on le traitera de brigand et de voleur. Mais celui qui commet une injuste spoliation, en présence de témoins, et qui confirme son iniquité par des actes en bonne forme, est qualifié d'homme généreux, bienveillant, serviable. (Greg. Nysse. *Homil. inc. 4 Eccles.)*

Saint Ambroise n'est guère plus flatteur; jugez-en:

Tels sont vos bienfaits: *Vous donnez moins que vous ne recevez; même en secourant, vous dépouillez; vous mettez à profit le pauvre lui-même.* Celui qui vous paie l'intérêt est dans le besoin; il est forcé de vous emprunter pour payer la dette qui le presse, et il reste sans ressource pour lui-même. Hommes pleins de miséricorde, qui le déliez vis-à-vis d'autrui et le liez envers vous! Celui qui manque d'aliments, vous paie des usures, est-il rien de plus criant? *Cet homme cherche un remède, vous offrez le poison; il demande du pain, vous montrez le glaive; il implore la liberté, vous imposez la servitude; il soupire après sa délivrance, vous serrez le nœud qui l'étrangle...*

Vous buvez, et un autre fond en larmes; vous mangez, et votre nourriture suffoque les autres; vous écoutez d'agréables symphonies, et un autre se consume en gémissements; vous vous enrichissez par des malheurs, vous cherchez votre profit dans les larmes, vous vous nourrissez de la faim d'autrui, vous gravez sur votre argent les dépouilles de vos victimes; et vous vous estimez riches, vous qui exigez du pauvre un salaire!

. Ainsi, saint Ambroise paraît vouloir insinuer que c'est le travailleur qui fait vivre l'oisif. Mais cette proposition est heureusement condamnée par les bons économistes.

Après cela, qu'elle différence faites-vous entre un chrétien et un païen? N'était-ce pas un païen que ce Caton auquel on demandait : Que pensez-vous du prêt à intérêt? et qui répondait : Que pensez-vous de l'assassinat? — Et puis parlez-moi de progrès!

Et ces chrétiens ne se bornent pas à proscrire le prêt à intérêt, mais, en vrais sophistes qu'ils sont, ils *essaient* de justifier cette interdiction. Ecoutez saint Thomas :

Tout ce qui revient de profit à celui auquel j'ai prêté de l'argent est le produit de son industrie, de l'intelligence qu'il a mise à faire valoir cet argent; je ne dois point lui vendre sa propre industrie en lui prenant une part de son produit.

Ces gens-là ignoraient le premier mot de l'économie politique.

Ignorants? ce n'est point assez! — sans cœur par surcroit! Que doivent-ils avoir à la place du cœur ceux qui ont osé écrire ces lignes, que vous lirez avec une juste indignation :

Le prêt à intérêt n'est jamais permis, pas même dans les limites de ce qui est nécessaire pour vivre. (D. Thom., *Opusc.* 72, cap. 8.)

Eh bien, Monsieur, ce Thomas n'a même pas le mérite de l'invention.

Avant lui, un de ses pareils avait écrit :

Les rentiers osent dire : Je n'ai pas d'autre ressource pour vivre. Eh! n'est-ce pas ce que répondrait un voleur pris sur le fait? Ils n'en sont que plus coupables d'avoir choisi un art d'iniquité pour s'en faire un moyen d'existence, et d'avoir cherché à tirer leur nourriture précisément de ce qui offense celui de qui vient toute nourriture. (Saint-August., *in Psal.* 128.)

Contenez-vous, citoyen! Un mot seulement pour en finir, un mot qui résume tout, je l'emprunte à Saint-Bernard :

In furto comprehenditur usura. (Bern., *Serm. IV, super salve Regina.*)

C'est-à-dire :

L'usure n'est qu'une variété du vol.

C'est un contrat d'iniquité, dit saint Chrysostôme. (Homil. LVII, sur saint Matth.)

C'est une maladie, dit saint Basile. (*Epit.* I *ad Amvhil.* cap. XIV.)

C'est une idolâtrie, répète après l'apôtre, saint Grégoire de Nysse, frère de saint Basile. (Epit. canon. à Letoius.)

Et, de peur qu'on ne s'y trompe, Saint Ambroise prend soin de nous avertir que

Tout ce qui s'ajoute au capital EST USURE. Donnez-lui, dit-il, le nom que vous voudrez, ce sera toujours une usure. (S. Ambros., *lib. de Tob.*, c. 14.)

Tout-à-fait d'accord en cela avec saint Jérôme :

Il y a usure, dit celui-ci, toutes les fois qu'on retire du prêt plus qu'on n'a donné. (S Hyeron., *in Ezech.*, c. 18.)

Ils n'auraient point eu de discussion là-dessus avec Saint Jérôme :

L'usure est le prix exigé pour l'usage de l'argent prêté.

Si vous voulez du moderne, Bossuet, après avoir cité les textes sacrés, s'exprime ainsi :

Par là s'établit aussi en quoi consiste l'usure, puisque la loi détermine clairement que c'est le surplus, ce qui se donne au-dessus du prêt, ce qui excède ce qui est donné ; et, selon notre langage, ce qui est au-dessus du capital.

À traduire le mot à mot selon l'hébreu, il faut appeler ce surplus *accroissement, multiplication ;* et c'est ce que la loi appelle *usure*, c'est-à-dire tout ce qui fait que ce qu'on rend excède ce qu'on a reçu. Bossuet, *Traité de l'Usure.* Propos. I.)

C'est d'une monotonie désespérante !

§ VII.

Citoyen procureur, vous allez vous croire chez Nicolet.

Ce saint Ambroise a sur la banque des idées toutes particulières. Vous venez de voir ce qu'il pense du prêt à intérêt, opération parfaitement légale cependant. Eh bien ! ces gens-là sont à ce point dépourvus d'idées financières, qu'ils font une obligation de prêter à ceux qui ne pourront jamais rendre. Qui s'est jamais avisé de combiner le prêt gratuit avec le placement à fonds perdu ? C'est à faire mourir de rire un homme d'affaires.

Prêtez même à ceux de qui vous n'espérez pas recouvrer ce que vous avez perdu. Vous donnez peu sur la terre et vous recevrez beaucoup dans le ciel. Craignez-vous d'avoir affaire à un mauvais débiteur dans la personne de Jésus-Christ ? L'Evangile est votre caution. Si quelque riche de ce monde s'offrait pour garantir la solvabilité de celui qui veut emprunter de vous, vous vous empresseriez aussitôt de compter les espèces. Eh bien ! Dieu lui-même se porte garant pour tous les indigents, et vous hésitez un instant, et vous cherchez encore une caution plus riche ! (S. Ambr., I, *de Tob.*, 46.)

Voilà une variété toute nouvelle de chantage ! La même indigence d'idées pratiques se remarque chez tous ces utopistes.

Cependant, ne vous y trompez pas, vous ne connaissez pas encore les vrais coupables. Saint Ambroise, saint Grégoire de Nysse, saint Bernard et leurs pareils ne sont que des instruments ; le vrai coupable est celui qui a posé les principes que ceux-ci n'ont fait que développer ; le vrai coupable est celui qui a dit :

Donne à celui qui te demande et ne te détourne point de celui qui veut emprunter de toi. (S. Matt., V. 42.)

Et si vous ne prêtez qu'à ceux de qui vous espérez de recevoir, quel gré vous en saurait-on ? (S. Luc, VI, 34.)

Le vrai coupable, c'est donc NOTRE SEIGNEUR JÉSUS-CHRIST.

Après cela, comme il n'y a point de folies nouvelles sous le soleil, je ne vois pas pourquoi nous ne ferions pas remonter l'enquête jusqu'au delà du 24 février. Je prendrai donc la liberté de vous faire remarquer qu'un livre fort ancien, la *Bible*, professe la même opinion sur le prêt à intérêt.

Quand ton frère sera devenu pauvre, et qu'il te tendra ses mains tremblantes, tu le soutiendras, même l'étranger et l'habitant, afin qu'il vive avec toi.

Tu ne prendras point de profit de lui, ni d'intérêt ; mais tu craindras ton Dieu, et ton frère vivra avec toi.

Tu ne lui donneras point ton argent à intérêt, et tu ne lui donneras point de tes vivres pour en tirer de profit. (Lévitiq. XXV, 35, 36, 37.)

Si ces gens-là étaient oracles de sagesse, comme quelques-uns le disent, et non de folie, comme vous l'admettrez, il nous faudrait regarder cette institution si éminemment philanthropique des monts-de-piété comme un monument d'iniquité. Les monts-de-pitié ne sont-ils pas désignés clairement dans le passage suivant :

Si tu prends en gage le vêtement de ton prochain, tu le lui rendras avant que le soleil soit couché.

Car c'est sa seule couverture, c'est son vêtement pour couvrir sa peau. Où coucherait-il ? S'il arrive donc qu'il crie : A moi ! je l'entendrai, car je suis miséricordieux. (Exld. XXII. 26, 27.)

C'est ainsi, qu'on enseigne l'ingratitude au peuple.

Vous savez sans doute, et, sinon, je me fais un plaisir de vous l'apprendre, que les Hébreux célébraient de sept en sept ans une année solennelle, l'année de relâche, comme on l'appelait à juste titre ; car jugez vous-même de quel relâchement d'idées financières une telle institution témoigne.

Et c'est ici....

C'est Dieu qui parle : Vous n'ignorez pas que la manie de ces anarchistes est de parler au nom de Dieu et du peuple qu'ils ont osé identifier dans cette maxime impie autant que fameuse : *Vox...* Mille pardons ; *la voix du peuple est la voix de Dieu.*

Et c'est ici la manière de la célébrer : que tout créancier relâche ce qu'il aura prêté à son prochain, et qu'il ne l'exige point de son prochain ni de son frère quand on aura proclamé l'année de relâche à l'honneur de l'Eternel...

Afin qu'il n'y ait parmi toi aucun pauvre. (Deuteron. XV, 1, 2, 4.)

A prêter un tel langage à Dieu, autant vaudrait tout de suite diviniser le citoyen Proudhon : *Pater noster Proudhon, sanctificetur nomen tuum, adveniat regnum tuum, fiat voluntas tua. Panen nostrum quotidianum da nobis hodiè, et libera nos à malo. Amen !*

Vous me direz : Voilà un singulier système de crédit ! et qui trouvera à emprunter quand viendra le moment de cette liquidation périodique ? Ces gens-là sont bien fins, citoyen procureur, ils ont prévu le cas :

Prends garde à toi qu'il n'y ait cette pensée impie dans ton cœur, et que tu ne dises ; la septième année, qui est l'année de relâche, approche, et que ton œil, étant sans pitié envers ton frère qui est pauvre, pour ne lui rien donner, il ne crie contre toi à l'Eternel, et qu'il n'y ait en toi du péché. (Deuteron. XV, 90.)

Si ces funestes doctrines avaient de profondes racines dans le passé, quand le chef de ces socialistes leur a donné une forme et une vie nouvelles, elles ont depuis porté des fruits abondants autant qu'amers. Jusqu'au quatorzième siècle tous les Conciles semblent s'être donné le mot pour ébranler les fondements du crédit public et privé ; voyez-les flétrissant à l'envi de l'épithète d'usurier le rentier honnête et l'obligeant prêteur.

Celui-là est un usurier, dit le Concile de Reims, qui, outre le sort principal, exige ou accepte quelque chose d'appréciable en argent.

Le Concile d'Adge est plus bref, mais non moins explicite.

Il y a usure, dès qu'on répète plus qu'on n'a donné.

Le Concile d'Elvire, tenu en l'an 305, ne s'arrête point en si beau chemin ; non content de blâmer celui qui fait valoir ses fonds, il lance sur lui l'anathème :

Un laïque qui s'est rendu coupable d'usure recevra, dit-il, son pardon, s'il promet de faire pénitence et de ne plus commettre d'exactions ; mais, s'il persiste dans son iniquité, qu'il soit rejeté de l'église, qu'il soit excommunié. (*Concil. Elib., Can.* 20.)

Et prenez garde, de trouver la peine excessive, car votre doute même serait un crime. Cela a été décidé par un Concile tenu en 1311, un Concile présidé par un Pape ; le pape Clément V.

S'il arrive à quelqu'un, dit le concile de Vienne, de tomber dans cette erreur, qu'on peut affirmer en conscience qu'il n'y a pas de péché à prêter à usure, nous décrétons qu'il soit puni comme hérétique.

Et à cette occasion, Bossuet fait cette déclaration :

Personne dans l'Eglise n'a jamais réclamé contre ces décrets ; AU CONTRAIRE, ON S'Y EST SOUMIS COMME ON A TOUJOURS FAIT AUX CHOSES RÉSOLUES PAR LA TRADITION, PAR LES CONCILES MÊME GÉNÉRAUX, ET PAR LES DÉCRÉTALES DES PAPES ACCEPTÉES ET AUTORISÉES DU CONSENTEMENT DE TOUTE L'ÉGLISE. ÇA DONC TOUJOURS ÉTÉ L'ESPRIT DU CHRISTIANISME DE CROIRE QUE LA DÉFENSE DE L'USURE PORTÉE PAR LA LOI ÉTAIT OBLIGATOIRE SOUS L'ÉVANGILE, ET QUE NOTRE SEIGNEUR AVAIT CONFIRMÉ CETTE LOI. (*Loc. cit.* 5me prop.)

Bossuet ! le grand Bossuet, l'aigle de Meaux, lui aussi, malade de cette peste !!

S'il faut en croire la Bible, et qu'en pensez-vous ? Dieu ratifiera la sentence des Conciles.

Eternel ! qui est-ce qui séjournera dans ton tabernacle ? qui est-ce qui habitera en la montagne de ta sainteté ?

Celui qui ne donne point son argent à usure... (*Psalm.* XV 1, 5.)

L'homme qui sera juste et qui fera ce qui est juste et droit,

Qui n'aura point prêté à usure, et qui n'aura point pris de surcroît...

Celui-là est juste ; certainement il vivra, dit le Seigneur, l'Eternel.

Qui prête à usure et qui prend du surcroît, vivra-t-il ? Il ne vivra pas quand il aura commis ces abominations-là ; il mourra très certainement et son sang sera sur lui. (*Ezech.*, XVIII, 5, 8, 13.)

Ainsi, l'excommuniation et le supplice dans cette vie, la damnation pendant l'éternité, voilà ce que mériteraient tant de républicains honnêtes. *Sancte Proudhon, miserere nobis !*

§ VII.

Mais les malheureux ne se contentent pas de contracter alliance avec M. Proudhon, on les trouve mêlés à toutes les idées subversives de ce temps.

N'est-ce point au Luxembourg qu'ont dû être recueillies les idées monstrueuses dont les citations suivantes portent l'empreinte?

1re PIÈCE. — Leur Maître..... Mais, en si grave matière, il convient de citer textuellement. Je recours donc au livre qui continue de se vendre, en dépit des décrets de l'Assemblée nationale, et, ouvrant l'Evangile selon Saint Matthieu, je transcrivis ce qui suit :

Le royaume des cieux est semblable à un père de famille qui sortit dès la pointe du jour, afin de louer des ouvriers pour travailler à sa vigne.

Et, ayant accordé avec les ouvriers à un denier par jour, il les envoya à sa vigne.

Il sortit environ vers la troisième heure du jour, et il en vit d'autres qui étaient dans la place sans rien faire,

Auxquels il dit : Allez vous-en aussi à ma vigne, et je vous donnerai ce qui est raisonnable.

Et ils y allèrent. Il sortit encore environ la sixième et la neuvième heure, et fit la même chose.

Et, vers l'onzième heure, il sortit et il en trouva d'autres qui étaient sans rien faire, auxquels il dit : Pourquoi vous tenez-vous ici tout le jour sans rien faire ?

Et ils répondirent : Parce que personne ne nous a loués. Et il leur dit : Allez vous-en aussi à ma vigne, et vous recevrez ce qui sera raisonnable,

Quand le soir fut venu, le maître de la vigne dit à celui qui avait le soin de ses affaires ; Appelle les ouvriers et leur paie leur salaire, en commençant depuis les derniers jusqu'aux premiers.

Et ceux qui avaient été loués sur l'onzième heure étant venus, ils reçurent chacun un denier.

Or, quand les premiers furent venus, ils s'attendaient à recevoir davantage ; mais ils reçurent chacun un denier.

Et, l'ayant reçu, ils murmuraient contre le père de famille,

Disant : Ces derniers n'ont travaillé qu'une heure, et tu les a égalés à nous, qui avons supporté la fatigue de tout le jour et la chaleur.

Mais il répondit à l'un d'eux et lui dit : Mon ami, je ne te fais point de tort ; n'as-tu pas accordé avec moi à un denier par jour?

Prends ce qui est à toi et t'en va ; mais je veux donner à ce dernier autant qu'à toi.

Ne m'est-il pas permis de faire ce que je veux de ce qui est à moi? Ton œil est-il malin de ce que je suis bon. (Matth. XX, 1 à 15.)

Ainsi, quelle que soit la durée de leur travail, tous les ouvriers reçoivent le même salaire.

Résumons : ci. . . . . ÉGALITÉ DE SALAIRE.

2ᵉ PIÈCE.— Parlant par parabole, l'un d'eux (Saül, dit Paul), s'exprime ainsi :

Celui qui avait recueilli beaucoup de manne n'en profitait pas davantage, et celui qui en avait recueilli peu n'en manquait pas, ci. . . . . ENCOURAGEMENT A LA PARESSE, COMME AU LUXEMBOURG.

La paresse est conseillée d'une façon bien plus directe par le maître lui-même ; j'ose dire même qu'elle est commandée, bien plus, exaltée à l'égal d'une vertu dans le passage suivant. Vous y verrez, en outre, une fois de plus, s'il est un seul de ces bons sentiments prêchés aux masses par les économistes que ces fauteurs d'anarchie ne cherchent à étouffer. Ainsi, loin de se joindre à l'honorable M. Charles Dupin, pour convier les travailleurs aux jouissances cachées de la caisse d'épargne, voici comment Jésus-Christ les excite à cette fatale imprévoyance à laquelle ils ne sont déjà que trop enclins.

La scène se passait sur une montagne, Jésus-Christ était assis, ses disciples l'entouraient et le peuple avait la simplicité de l'écouter.

Nul ne peut servir deux maîtres, leur disait-il... Vous ne pouvez servir Dieu et Mammon.

C'est pourquoi je vous dis : Ne soyez point en souci pour votre vie de ce que vous mangerez ou que vous boirez; ni pour votre corps, de ce que vous serez vêtus. La vie n'est-elle pas plus que la nourriture, et le corps plus que le vêtement?

Regardez les oiseaux de l'air ; car ils ne sèment ni ne moissonnent, ni n'amassent rien dans les greniers, et notre Père céleste les nourrit. N'êtes-vous pas beaucoup plus excellents qu'eux?

Et qui est-ce d'entre vous qui par son souci puisse ajouter une coudée à sa taille ?

Et pour ce qui est du vêtement, pourquoi en êtes-vous en souci ? Apprenez comment les lys des champs croissent; ils ne travaillent ni ne filent.

Cependant je vous dis que Salomon même, dans toute sa gloire, n'a point été vêtu comme l'un d'eux.

Si donc Dieu revêt ainsi l'herbe des champs, qui est aujourd'hui et qui demain sera jetée dans le four, ne vous revêtira-t il pas beaucoup plutôt, ô gens de petite foi?

Ne soyez donc point en souci, disant : Que mangerons-nous? que boirons-nous? ou de quoi serons-nous vêtus ?

Car ce sont les païens qui recherchent toutes ces choses, et VOTRE PÈRE CÉLESTE SAIT QUE VOUS AVEZ BESOIN DE TOUTES CES CHOSES-LA.

Faites bien attention qu'en même temps qu'il prêche l'insouciance à ces pauvres gens, cet homme ne les engage pas à se résigner au dénuement qu'ils auront si bien mérité : « Votre Père céleste sait que vous avez besoin de toutes ces choses-là! » Et par quel moyen avouable se les procureront-ils donc?

Mais cherchez premièrement le royaume de Dieu et sa justice, et toutes ces choses vous seront données par dessus.

A bon entendeur, salut! nous voilà en plein communisme.

Ne soyez donc point en souci pour le lendemain ; car le lendemain aura soin de ce qui le regarde.. A chaque jour suffit sa peine. (S. Matth. VI, 24 à 34.)

Il paraît que d'honnêtes gens, éblouis par les beautés littéraires qu'ils croient reconnaître dans ce factum, en font leur lecture favorite. Pour moi, je le confesse, tout gouvernement me paraît inconciliable avec l'existence de pareils livres.

Et comme si ce n'était pas suffisamment clair, voici que saint Ambroise commente le détestable pamphlet :

Le Seigneur nous offre dans ce passage un exemple d'un remarquable à propos, que nous devrions suivre avec une entière confiance. Si les oiseaux du ciel, qui ne se livrent à aucun travail de culture, qui ne font aucune provision de récolte, reçoivent cependant de la divine Providence une nourriture qui ne leur fait jamais défaut, il est vrai *de dire que notre disette n'a d'autres causes que l'avarice.* En effet, ceux-là trouvent l'abondance dans le champ même qu'ils ont laissé inculte, PARCE QU'ILS NE PRÉLÈVENT AUCUN DROIT DE DOMINATION SPÉCIALE SUR LES FRUITS QUI LEUR ONT ÉTÉ DONNÉS POUR LEUR SERVIR D'ALIMENTS COMMUNS.

Nous, au contraire, nous avons perdu les avantages de la communauté en nous créant des propriétés privées ; car l'appropriation par l'incertitude qu'elle apporte dans les récoltes détruit toute sécurité pour l'avenir. Pourquoi donc, ô riche, tiens-tu si fort à ta fortune, quand Dieu a voulu que les choses nécessaires à la vie te fussent communes avec les autres être animés ? Les oiseaux du ciel ne revendiquent rien en propre, et ils ne savent pas ce que c'est que d'être envieux les uns des autres ; aussi la lèpre de l'indigence leur est-elle complètement inconnue. (St Ambros. *exposit. in Luc. Cap.* 12. v. 22, 23.)

3ᵉ PIÈCE.—Saint Paul dit ailleurs :

Il est écrit dans la loi de Moïse...

Et de fait, monsieur, cela y est écrit.

Tu n'enmuséleras pas le bœuf qui foule le grain. Est-ce que Dieu se soucie des bœufs ? ne dit-il pas ces choses principalement pour nous? Oui, elles sont écrites pour nous, car celui qui laboure doit labourer dans l'espérance de recueillir, et celui qui foule le grain doit le fouler dans l'espérance d'y avoir part. (1er aux Corinth., ix, 9, 10.)

C'est-à-dire : ABOLITION DE L'EXPLOITATION DE L'HOMME PAR L'HOMME, toujours comme M. Louis Blanc.

Il y a quelque chose de bien plus fort, citoyen !

M. Louis Blanc dit, comme vous savez : « A chacun suivant ses besoins. » Eh bien ! nos gens disent : « A chacun selon qu'il en a besoin. » Je n'invente rien, voyez Act. des Apôt., iv, 35. Ils ont platement copié l'auteur de l'*Organisation du Travail*.

Ménagez votre étonnement. M. Louis Blanc a dit encore aux délégués du Luxembourg : « Vous êtes rois. » (Voyez Bauchard, 3 vol. in-4°, Imprimerie nationale 1848.) L'un des prévenus, Jean, s'adressant à Dieu : « Tu nous a faits » rois et prêtres, et nous régnerons sur la terre. » Rien que cela, monsieur ! Un homme d'une douceur évangélique, dit-on ! Prenez la peine de vérifier (*Apoc.*, v, 10). Vous voyez que du moins ils ne se mettent guère en frais d'invention.

C'est-à-dire que, si on les dépouille de tout ce qu'ils se sont approprié, en application sans doute de leur maxime sur la propriété, nous les mettrons nus comme la main. Après s'être affublé des oripeaux de MM. Proudhon, Louis Blanc et Cabet, les voici qui se parent des plumes de Fourier et de son Ecole.

Où saint Jean Chrysostôme peut-il avoir puisé l'idée d'une association d'où « *résulterait un bien-être immense pour le riche et pour le pauvre, et où l'avantage ne serait pas plus grand pour l'un que pour l'autre,* » si ce n'est dans *l'association domestique agricole ?* Le problème n'est-il pas posé comme Charles Fourier le posait lui-même? Remarquons seulement qu'il va plus loin en disant que l'avantage ne serait pas plus grand pour l'un que pour l'autre, Fourier admettant l'inégalité des dividendes.

Supposons, dit l'insidieux anarchiste, que tous ici nous vendions nos propriétés et que nous en apportions la valeur au milieu de l'Assemblée... Que personne ne se trouble, que le riche et le pauvre restent calmes et impassibles.

Comme cela sent son origine, hein, citoyen?

Certes, si on les assemblait tous à une table commune, la dépense serait bien moindre.

Toujours, toujours la préoccupation des biens matériels !

Supposons une famille dans laquelle il y ait dix enfants, le mari et la femme. N'est-il pas évident que, soumis à la vie com. mune dans la même maison, la dépense sera moindre que s'il étaient dispersés?

Les avantages de l'association dont parle tant Fourier!

Car dans ce dernier cas il faudrait dix maisons pour les dix enfants, dix serviteurs, et ainsi de suite pour les choses utiles.

Ne vous semble-t-il pas entendre Fourier? vous avez lu Fourier?

Si nous savions mettre de côté toute crainte, nous commencerions audacieusement cette entreprise, et nous pourrions ainsi transformer notre demeure terrestre en un véritable ciel.

Plagiaire, va! C'est à Chrysostôme que je parle. Notez que, pas plus que Fourier, il ne se préoccupe des croyances religieuses des hommes, auxquels il propose cette dégradante promiscuité! il ouvre à tous indistinctement ce monument où on n'entre qu'en laissant sur le seuil famille, religion, mœurs et propriété!!! Oh! comme le citoyen Louis Reybaud a trouvé le mot : Code de la brute!

Complétons l'indication des plagiats effrontés que ces adversaires de la propriété ont commis envers les différentes écoles socialistes.

Vous entendez qu'ils ne pouvaient passer auprès des saints-simoniens sans leur faire d'emprunts.... forcés.

Ils leur ont pris.... entre autres choses leur fameuse formule de répartition; *à chacun selon ses œuvres.*

Entre une grand nombre de textes, je mets les suivants sous vos yeux :

Je suis celui qui sonde les reins et les cœurs *et je rendrai à chacun selon ses œuvres.* (Apoc. II. 23.)

Or voici, je vais venir bientôt et j'ai mon salaire avec moi *pour rendre à chacun selon ses œuvres.* (Ibid. XXII. 12.)

Dieu rendra à chacun selon ses œuvres. (St Paul aux Romains, II. 6.)

Le fils de l'homme doit venir dans la gloire de son père avec ses anges, *et alors il rendra à chacun selon ses œuvres.* (St-Matt. XVI. 27.)

Si encore ils s'en étaient tenus là ! Les voici qui s'attaquent au principe sacré de l'hérédité. Toujours comme les saints simoniens.

GARDEZ-VOUS DE PRENDRE LE PRÉTEXTE DE L'AMOUR PATERNEL POUR AUGMENTER VOS BIENS. *Je garde mes biens pour mes enfants, belle raison! Je garde biens pour mes enfants. Voyons un peu : votre père les garde pour vous, vous les gar-*

dez pour vos enfauts, vos enfants les gardent pour les leurs,
te ainsi de suite à l'infini; DE CETTE MANIÈRE, PERSONNE N'OB-
SERVERA LA LOI DE DIEU. (S. Augus., *serm. de det. Chord.* C. 12.

Que laisseront-ils debout?

Je crois, citoyen, qu'après avoir saisi la main de ceshom-
mes dans toutes les tentatives anarchiques de ce temps, il
est de votre devoir d'en conférer avec la commission d'enquête sur les évènements de mai et de juin. Il y a là matière à un fameux supplément.

<h2 style="text-align:center">§ IX.</h2>

Voici maintenant quelques faits sur lesquels vous ne
sauriez vous dispenser d'asseoir une accusation :

1° D'excitation à la haine et au mépris du gouvernement de la République ;

2° D'attentat à la famille et d'excitation à la débauche ;

3° D'affiliation à des sociétés secrètes ;

4° D'excitation à la guerre civile ;

5° D'excitation à la haine contre une classe de citoyens.

Premier chef. — Excitation à la haine et au mépris du gouvernement de la République.

De nombreux témoins certifient que le chef de ces malheureux a tenu sur la place publique ce séditieux langage :

Vous savez que ceux qui veulent commander aux nations
les maîtrisent; et que les grands d'entre eux leur comman-
dent avec autorité.

MAIS IL N'EN SERA PAS DE MÊME PARMI VOUS; AU CONTRAI-
RE, QUICONQUE VOUDRA ÊTRE GRAND PARMI VOUS SERA
VOTRE SERVITEUR.

ET QUICONQUE D'ENTRE VOUS VOUDRA ÊTRE LE PRE-
MIER SERA LE SERVITEUR DE TOUS.

Car le fils de l'homme lui-même est venu, non pour être ser-
vi, mais pour servir et donner sa vie pour la rançon de plusieurs. (St. Marc, X, 42 à 45.)

On n'a jamais prêché plus ouvertement l'anarchie.
Rabelais n'allait pas plus loin quand il réduisait toute la
constitution politique des Thélémites à ces deux exécra-
bles maximes : FAIS CE QUE VEULX. — VAS ADMIRE ET
JOUIS.

Cette doctrine de nivellement politique, l'Église n'a jamais cessé de la professer; — je dis professer ce qui s'en-
tend du langage et non de l'action. — Quel chapelet de
citations j'enfilerais si vous n'aviez hâte d'en finir. Quel
ravage dans le peuple si M. Cousin n'était là!

Deuxième chef. — Atteinte à la famille et excitation à la débauche.

SI QUELQU'UN VIENT EN MOI ET NE HAÏT PAS SON PÈRE, SA MÈRE, SA FAMILLE, SES ENFANTS, SES FRERES, SES SOEURS, ET MÊME SA VIE, IL NE PEUT ÊTRE MON DISCIPLE. (St Luc, XIV, 26.)

Ces paroles ont été prononcées par le Maître. Beaucoup ont été justement considérés comme ennemis de la famille, qui n'avaient certes rien écrit de semblable.

Et pour les décider à cet acte abominable, Jésus leur fait de fabuleuses promesses.

Quiconque aura quitté sa maison, ou ses frères, ou ses sœurs, ou son père, ou sa mère, ou sa femme, ou ses enfants, ou ses champs à cause de mon nom, il en recevra cent fois autant et héritera la vie éternelle. (St Matth., XIX, 29.).

Rien n'est sacré pour lui. Il rencontre un homme et lui dit : « Suis-moi. » Celui-ci lui répond : « Seigneur, permets que j'aille auparavant ensevelir mon père. » C'était un devoir. Que dit le Christ ?

Jésus lui dit : LAISSE LES MORTS ENSEVELIR LEURS MORTS. (Luc, IX, 59, 60.)

Prêchant d'exemple, il apostropha un jour, sa malheureuse mère en ces termes :

Femme qu'y a-t-il de commun entre toi et moi !

Un autre jour, sa mère et ses frères arrivèrent, et, se tenant dehors, ils l'envoyèrent chercher.

Et on lui dit : Voilà ta mère et tes frères qui sont là dehors, qui te demandent.
Mais il répondit : QUI EST MA MÈRE EN QUI SONT MES FRÈRES ?
Et jetant les yeux sur ceux qui étaient autour de lui, il dit : VOILA MA MÈRE ET VOILA MES FRÈRES. (St Marc, III, 34 à 34.)

Si vous voulez connaître ceux qui étaient autour de lui, rien de plus facile.

Des Scribes et des Pharisiens, personnages éminemment honorables, déposent unanimement que cet homme fréquentait la plus mauvaise société.

Jésus étant établi dans les maisons de Lévi, fils d'Alphée, plusieurs péagers et gens de mauvaise vie se mirent aussi à table avec Jésus et ses disciples. (Marc, II, 15.)

Tous les péagers et gens de mauvaise vie s'approchaient de Jésus pour l'entendre.

Et les pharisiens et les scribes en murmuraient et disaient : Cet homme reçoit les gens de mauvaise vie et mange avec eux. (Luc, XV, 2.)

Ah ! citoyen procureur, combien d'accusés dont le passé fouillé avec le ferme désir de les trouver en faute a fourni contre eux des charges aggravantes et qui cependant avaient une existence moins énigmatique que celle de ce Jésus.

Un homme qui n'a pas le sou et qui se livre à des prodigalités ruineuses comme de se faire répandre de l'huile odoriférante sur les pieds! (Voyez S. Luc, VII, 37 à 50.)

Il va sans façon loger chez une nommée Marthe et *l'instruction* nous le représente retenant auprès de lui la sœur de cette inconnue, une demoiselle Marie, au lieu de la laisser vaquer aux soins du ménage. Cette Marie, *se tenait assise à ses pieds*. Je n'invente pas, je copie, et savez-vous ce que répond notre Jésus quand Marthe prie cette fainéante de l'aider à servir.

Marthe, Marthe, lui dit-il, tu te mets en peine et tu t'embarrasses de plusieurs choses.
Mais une seule chose est nécessaire; or, Marie a choisi la bonne part, qui ne lui sera point ôtée.

Quelle est cette chose nécessaire? et que faut-il entendre par cette bonne part qui ne lui sera point ôtée?
O temps! ô mœurs!
Mais que dis-je! Savez-vous par qui lui était versée cette huile odoriférante qui avait été apportée dans un vase d'albâtre? — Par — une — FEMME — de la ville qui — AVAIT — ÉTÉ — DE — MAUVAISE — VIE. (*Luc.* VII. 37.) Elle lui arrosait les pieds de ses larmes — et les essuyait avec ses cheveux. — ELLE LUI BAISAIT LES PIEDS!!!! *Proh pudor!!!!* et elle les oignait avec cette huile.
Vous voyez que cette fàcheuse prodigalité était la moindre des choses qu'on eût à lui reprocher.—*Pudet dicere!*
Mais que fait Jésus? S'adressant à l'amphytrion, un rien qui vaille, nommé Simon : « Vois-tu cette femme? lui dit-il, je suis entré dans ta maison, et..... tu ne m'as point donné de baiser; mais elle, depuis qu'elle est entrée, n'a cessé de me baiser les pieds.» (Ibid, 45.) Citoyen procureur, Luc, Mathieu, Marc et Jean, en témoignent!
— Ayons le courage d'aller jusqu'au bout. — « Tu n'as point oint ma tête d'huile; mais elle a oint mes pieds d'une huile odoriférante. C'EST POURQUOI je te dis que ses péchés, qui sont en grand nombre, lui seront pardonnés; ET C'EST A CAUSE DE CELA QU'ELLE A BEAUCOUP AIMÉ. » — Quelle morale!... Puis il dit à la femme : «Tes péchés te sont pardonnés. » — Quelle économie! (Ibid, 46, 47, 48.)
Il a tenu ce que son enfance avait promis.
Un jour que sa mère et le mari de celle-ci se rendaient

à une fête, l'enfant s'esquive ; les parents reviennent en toute hâte au logis... pas plus d'enfant que sur la main ! Ils furent trois jours à le trouver. Et quand la pauvre mère lui dit avec une douceur hors de propos : Mon enfant, pourquoi as-tu agi ainsi avec nous? — POURQUOI ME CHERCHIEZ-VOUS? répond le charmant sujet. (Luc II. 41 à 49.)

Il tient dans l'Eglise des discours sacrilèges. Transportés d'une sainte colère les honnêtes gens, le mènent hors de la ville jusque sur le sommet d'une montagne pour le précipiter, dit la chronique ; mais, pst!... « il passa par le milieu d'eux et s'en alla. » Commençant cette vie de vagabondage qui devait se dénouer sur la croix.

On le perd de vue pendant de longues années. Le citoyen voyage! Et avec quoi? Mon Dieu! il avait un genre de vie des plus économiques. On nous raconte comme une chose des plus naturelles que, passant par des blés avec ses disciples, ceux-ci « ARRACHAIENT DES ÉPIS, *et les froissant entre leurs mains*, ILS LES MANGEAIENT. » Or, cette belle action ayant lieu le jour du sabbat, voici qu'ils discutent à perte de vue sur la question de savoir s'il était permis de travailler en un tel jour; mais s'il est permis de voler en campagne... Est-ce que les communistes agitent de pareilles futilités! (Luc, VI, 1 et suiv.)

Du reste, il avoue n'avoir pas où reposer sa tête. (Luc, IX, 58.)

Citoyens, vous savez qu'il est mort entre deux voleurs, vous conviendrez qu'il ne l'avait pas volé, ayant toujours mis dans ses relations le sans-façon que voici :

Jésus étant arrivé près de Bethphagé et de Bethanie, vers la montagne qu'on appelle des Oliviers, il envoya deux de ses disciples.

Et leur dit : Allez à la bourgade qui est devant vous, et quand vous y serez entrés, vous trouverez un ânon attaché, que personne n'a jamais monté ; détachez-le et me l'amenez. (Luc. XIX, 29, 30.)

Détachez-le et me l'amenez !

Et si quelqu'un vous demande pourquoi vous le détachez, vous lui direz : Parce que le Seigneur en a besoin. (*Ibid.*, 34.)

Parce que le Seigneur en a besoin !

Et ceux qui étaient envoyés s'en allèrent et trouvèrent comme il leur avait dit.

Et comme ils détachaient l'ânon, ceux à qui il appartenait leur dirent : Pourquoi détachez-vous cet ânon?

La question était bien naturelle.

Et ils répondirent : Le Seigneur en a besoin.

Le Seigneur en a besoin !

Ils l'amenèrent donc à Jésus, et ayant mis leurs vêtements sur l'ânon, ils firent monter Jésus dessus.

Et voilà ce que c'est que la communauté ! — Tu as un ânon, je n'en ai pas, je le prends ; nous sommes quittes !! —Oh ! avec quel admirable bon sens le public a vu de suite le fond de cette doctrine ! Que de profondeur, citoyen, dans le bon sens !! Et comme M. Cousin a raison quand il déclare que « le plus grand des philosophes ne tire pas des études de toute sa vie et n'a pas au bout du compte une croyance essentielle de plus que le paysan, que l'ouvrier un peu cultivé. »

Après cela vous ne vous étonnez plus qu'il ait donné ce conseil à ses disciples :

En quelque maison que vous entriez, demeurez-y, mangeant et buvant de ce qu'on vous donnera. (Luc, X, 7.)

C'est toujours du communisme en action.

Vous ne vous étonnerez pas non plus si sa vie s'est écoulée dans des transes continuelles, et que les historiens nous le représentent toujours fuyant ou se cachant, montant des alibis et déclinant son identité.

Un des siens, Pierre, lui disant un jour : tu es le Christ de Dieu, « il leur défendit avec menace de le dire à personne. » (Luc. IX. 20, 21.)

Ils traversèrent une fois toute la Galilée, « et Jésus ne voulut pas que personne le sût. (Marc. IX. 30.) Il avait ses raisons pour cela.

Lorsqu'enfin ses affaires se gâtent tout à fait, le voilà « saisi de frayeur et fort agité » (Marc XIV. 33.) « et il lui vint une sueur comme des grumeaux de sang qui coulaient jusqu'à terre, » (Luc. XXII. 44.)

Vie et mort bien dignes de sa naissance ! si on croit ce qu'en raconte le *Sepher toldos Jeschut*, et l'honorable synagogue certifie l'authenticité de ce livre ; le fils naturel du soldat Joseph Panther s'est montré digne d'une telle parenté.

J'oubliais de vous dire qu'il a réclamé, *au mépris de la loi*, l'impunité pour une femme adultère, et tout homme vertueux jugera qu'il n'en faut pas davantage pour motiver une accusation d'excitation à la débauche. Il avait de bonnes raisons sans doute pour réclamer l'indulgence en faveur de cet horrible délit.

Ces funestes maximes, ces pernicieux exemples n'ont point trouvé dans ses disiciples une terre ingrate. La

moisson a été ce que promettait la semence; moisson
d'infamie selon le rapport des personnages les plus
considérables. C'est une chose notoire que, réunis sous
le prétexte de pratiquer on ne sait quelle religion impie
autant qu'absurde, ils se livraient au plus honteux liber-
tinage. On les a universellement accusés de toutes les in-
famies imaginables, ce qui suffirait pour établir une é-
troite parenté entre eux et les socialistes de ce temps-ci.

Troisième chef. — Affiliation à des sociétés secrètes.

Je ne mentionne le fait que pour mémoire. Il est certain qu'ils se réunissent la nuit dans les catacombes.
D'honorables citoyens qui n'auraient en vue que la prospérité du commerce et le maintien de l'ordre ne cherche-
raient pas l'ombre et la solitude. On raconte plus d'une
histoire mystérieuse d'enfants qui, attirés dans ces lieux
de débauche, n'en seraient plus sortis... Mais, citoyen
procureur, je craindrais de me faire l'écho de calomnies
en répétant des faits qui, bien que vraisemblables, n'ont
pas encore été constatés. Cependant il ne serait pas impossible que les insurgés de juin eussent reçu d'eux l'idée
de mettre leur soumission au prix de deux heures de viol,
ainsi qu'une multitude d'honnêtes gens certifient que ces
brigands ont fait.

Quatrième chef. — Excitation à la haine contre une classe
de citoyens.

Nous n'avons que l'embarras du choix dans un volumineux dossier.

Je vous livre les extraits suivants, dont l'authenticité
est facile à constater :

Celui qui ne travaille pas ne doit pas manger. (Instruction re-
lative à Saül, dit Paul.)

Avec l'exactitude d'un écho, le Pape saint Clément
répète :

Ceux qui ne travaillent pas n'ont pas le droit de s'asseoir à
la table commune. (Constit. apostol., I, 7.)

Il est bien clair pour qui sait lire, — et vous me comprenez, — que les fréquentes exhortations au travail adressées
par saint Paul à ses correspondants ne sont qu'une façon
détournée de faire la critique de ceux qui ne travaillent
pas et d'exciter contre ceux-ci la haine des travailleurs.
En douteriez-vous ?

Le superflu des riches, dit saint Augustin, *est le nécessaire
des pauvres;* C'EST LA CHOSE D'AUTRUI QU'ON POSSÈDE QUAND ON
POSSÈDE LE SUPERFLU.

Est-ce clair? Conclusion : le vol est une réparation. Salvien ne le dissimule guère.

L'Ecriture dit d'abord : Fais *honneur de tes biens au Seigneur* (DANS LA PERSONNE DES PAUVRES). Puis elle ajoute : *Rends-lui ce que tu lui dois.* Ce qui signifie en d'autres termes : Si tu as de la piété, donne ce que tu possèdes, *comme si c'était réellement à toi*; si, au contraire, tu es impie, rends ce qni ne t'appartient pas. L'Ecriture a parfaitement exprimé et *la faculté de donner* et LA NÉCESSITÉ DE PAYER. En effet, elle dit à tout homme : Une œuvre sainte t'est proposée, *on t'y convie d'abord par les voies de la persuasion*, MAIS ENSUITE ON T'Y CONTRAINT PAR LA FORCE. DONNE DE BONNE GRACE, *SINON RENDS*. (Salvian., *Cont. avarit.*, lib. 1.)

Est-il rien de plus capable de soulever les pauvres contre les riches que ce parallèle établi entre eux par saint Astère, évêque d'Amasie.

Les uns, s'écrie-t-il, regorgent de richesses excessives et se remplissent de nourriture jusqu'à éprouver des nausées ; les autres, pressés par la faim et la disette, sont livrés à toutes les horreurs de la misère... O étrange inégalité de condition entre des hommes que la nature a rendus tous égaux! Ce renversement de choses, ce désordre n'a d'autre source que l'avarice. C'est elle qui condamne l'un à aller presque entièrement nu, tandis que l'autre possède non-seulement de nombreux habits pour se couvrir, mais encore de la pourpre pour en décorer ses murs. Le pauvre n'a pas même une planche pour y poser son morceau de pain, lorsque le riche, plein de mollesse et de vanité, se repaît les yeux du brillant éclat rendu par une vaste table d'argent délicatement travaillée. Puisqu'il fait de si somptueux repas et qu'il usurpe si complètement toutes les autres jouissances de la vie, n'aurait il pas dû au moins convertir le prix de cette table en aliments pour les pauvres ?..... Tous ces maux n'ont qu'une seule cause : la soif du superflu, l'inique convoitise du bien des pauvres. (S, Asterius, *homil* 3 *advers. avarit.*)

Cependant saint Basile-le-grand s'applique à jeter de l'huile sur le feu.

Rien ne résiste au pouvoir des richesses ; tout cède à cette tyrannie, tout tremble devant cette puissance. Plus on souffre de ses injustices, plus on doit craindre d'éprouver de nouveaux malheurs en raison même de ceux qu'on a déjà endurés. Le riche, confiant dans son autorité, ne met aucune borne à son audace ; il sème partout et moissonne ce qui ne lui appartient nullement. Si tu résistes, les coups t'attendent; si tu réclames, tes plaintes et tes griefs te seront imputés à crime; on te traduira en justice, on te traînera en prison, et il ne manquera pas de calomniateurs pour mettre ta vie en péril. Tu n'as d'autre moyen d'échapper à ces persécutions que de te laisser dépouiller jusqu'au bout. (St. Basil. *mag. in ditescent.*)

Que dites-vous de la perfidie de cette remarque que fait l'ecclésiaste :

Comme l'humilité est en abomination à l'orgueil, ainsi le pauvre est en horreur aux riches. (Ch. XIII, 22.)

Eeoutez maintenant le maître :

Malheur à vous, riches... malheur à vous qui êtes rassasiés, parce que vous aurez faim ! Malheur à vous qui riez maintenant, car vous vous lamenterez et vous pleurerez !

Le disciple pousse plus loin la fureur :

Que le riche, s'écrie-t-il, s'humilie dans sa bassesse, car il passera comme la fleur de l'herbe.

Ne sont-ce pas les riches qui vous oppriment et qui vous tirent devant les tribunaux?

Ne sont-ce pas eux qui blasphèment le beau nom qui a été invoqué sur vous !

Vous riches, je viens maintenant à vous. Pleurez et jetez des cris à cause des malheurs qui vont tomber sur vous.

Vos richesses sont pourries et les vers ont mangé vos habits.

Votre or et votre argent se sont rouillés, et leur rouille s'elèvera en témoignage contre vous et dévorera votre chair comme un feu...

Le salaire des ouvriers qui ont moissonné vos champs et dont vous les avez frustrés, crie contre vous, et les cris de ces moissonneurs sont parvenus jusqu'aux oreilles du Dieu des armées.

Vous avez vécu dans les voluptés et dans les délices sur la terre, et vous vous êtes engraissés comme des victimes préparées pour le jour du sacrifice.

Mais vous, mes frères, attendez patiemment jusqu'à l'avènement du Seigneur. Vous voyez que le laboureur attend le premier fruit de la terre avec patience, jusqu'à ce qu'il reçoive du ciel la pluie de la première et de la dernière saison.

Vous donc, de même attendez patiemment et affermissez vos cœurs, car l'avènement du Seigneur est proche. (Extrait d'une petite brochure publiée sous le titre d'*Epître catholique*, par le nommé Jacques, jeune homme très exalté et frère du principal accusé. (I 10 II 60, 7. IV 1 à 8.)

C'est comme qui dirait : sans-culottes, attendez patiemment, le grand jour va venir, le jour de la République rouge, où, suivant les belles paroles d'un *ouvrier de l'intelligence*, nous détruisons l'Institut, l'Ecole polytechnique, la Légion-d'Honneur, promènerons des piques sur des têtes, etc., etc. (Pour la suite du programme de ces destructeurs de la famille, s'adresser à M. Victor Hugo, propagateur ardent du principe de la paternité, etc., etc.)

Salvien a soin de nous avertir que

C'est aux riches indistinctement que Dieu s'adresse par la bouche de saint Jacques ; c'est à eux qu'il ordonne de pleurer qu'il prédit de grands maux et qu'il destine le feu éternel. Et, pour leur mieux faire sentir la véritable cause de ses menaces, il ne leur parle ni d'homicide, ni d'adultère, ni d'impiétés sacrilèges, ni même d'aucun de ces vices énormes qui frappent l'âme d'une mort éternelle, mais il les condamne pour leurs richesses elles-mêmes, pour leur injuste cupidité, pour leur soif insatiable de l'or. Il leur montre par là que ces richesses suffisent, sans aucun autre crime, pour vouer l'homme à une éternelle damnation. Quoi de plus évident? il ne dit pas au riche : tu seras torturé parce que tu es homicide; tu seras torturé parce que tu es adultère. Mais il lui dit : tu seras torturé par la raison seule que tu es riche, et que *dès lors* tu uses mal de tes richesses, ne comprenant pas que tu les as reçues pour les consacrer à des œuvres saintes. (Salvian, *Cont. avarit*, l. 1.)

Vous devez être suffisamment édifié. Passons donc à un dernier article.

Quatrième chef.—Excitation à la guerre civile.

Il n'y a pas une des lignes précédentes qui ne puisse servir de fondement à ce chef d'accusation. Néanmoins le passage suivant n'est pas à dédaigner. Le pillage et le massacre y sont ouvertement annoncés et conseillés.

Sortez de Babylone, mon peuple....

Il est bien clair que cette grande ville, cette grande prostituée, cette reine des nations, comme il l'appelle, ne peut être que Paris.

Sortez de Babylone, de peur que, participant à ses péchés, vous n'ayez aussi part à ses plaies.

Ecoutez bien ceci :

Rendez-lui la pareille, rendez-lui le double de ce qu'elle vous a fait...

Autant qu'elle s'est énorgueillie et s'est plongée dans les délices, faites-lui souffrir autant de tourment et d'affliction.

C'est pourquoi ses plaies, la mortalité, le deuil et la famine viendront en un même jour, et elle sera consumée par le feu...

Et les puissants de la terre qui se sont souillés et qui ont vécu dans les délices, se frapperont la poitrine quand ils verront la fumée de son embrasement.

... Et ils diront : Hélas, hélas! la grande ville, ville puissante, comment ta condamnation est-elle venue en un moment?

Ces paroles, citoyen, sont du disciple bien-aimé du Maître, d'un homme qui passe parmi les siens pour un agneau.

Du reste, toutes les pièces saisies révèlent le dessein arrêté de pousser à la révolution par l'empirement universel. Ce projet que les partisans de la République honnête attribuent si justement aux démocrates socialistes d'empêcher la confiance de renaître, le commerce de reprendre, le crédit de se raffermir, est évidemment approuvé par eux, si même ce n'est à eux qu'on en doit attribuer l'invention démoniaque.

Ainsi ce Jean, que je vous citais à l'instant, prédit la ruine du commerce; et la prédire n'est-ce pas la consommer en partie?

Les marchands pleureront, dit-il, parce que personne n'achètera plus leurs marchandises.

Hélas hélas! diront-ils, cette grande ville qui était vêtue de fin lin, de pourpre et d'écarlate, et qui était toute brillante d'or, de pierreries et de perles; comment tant de richesses ont-elles été détruites en un instant?

Là même haine du commerce se remarque chez tous ces anarchistes. Rien de plus simple, puisque le commerce est le fondement de la prospérité des états.

Jésus leur avait donné l'exemple quand, traitant les marchands, les agents de change et les banquiers de voleurs, il se livrait contre eux à ces déplorables excès que les évangélistes racontent tous avec tant de complaisance et que saint Matthieu entre autres relate en ces termes :

Et Jésus entra dans le temple de Dieu, et il chassa tous ceux qui vendaient et qui achetaient dans le temple; et il renversa les tables des changeurs et les sièges de ceux qui vendaient des pigeons.

Et il leur dit : Il est écrit : Ma maison sera appelée une maison de prière; mais vous en avez fait une caverne de voleurs.

Quel scandale, citoyen! et quel émeutier!

Malheureusement, ils ne s'en tiennent pas à la théorie, et déjà ils ont frappé d'un coup funeste plus d'une honorable industrie.

Ainsi le citoyen Démétrius, un honnête orfèvre qui se livre spécialement à la fabrication des petits temples de Diane, en argent, et qui emploie un grand nombre d'ouvriers, s'est vu sur le point de suspendre ses travaux parce que le nommé Paul (Paul est son nom de guerre, il s'appelle Saül) allait partout discréditant sa marchandise, disant :

Que les dieux qui sont faits par la main des hommes ne sont pas des dieux.

Le citoyen Démétrius assembla ses ouvriers.

Vous savez, citoyens, leur dit-il, que tout notre gain vient de cet ouvrage.

Il y eut émeute à cette occasion. Les ouvriers de Démétrius, que les anarchistes n'étaient pas parvenus à embaucher, firent une manifestation et se répandirent dans la ville, poussant ce cri des républicains honnêtes : « Grande est la Diane des Ephrésiens ! » Vous trouverez des détails circonstanciés sur cette affaire au ch. xix des Actes des Apôtres. Apôtres de la ruine commerciale apparemment !

Enfin, ces monstruosités finissent dignement, finissant par des folies. Jean, déjà cité, fait un tableau beaucoup trop beau pour être vrai des splendeurs et des joies qui attendent les démocrates socialistes quand la destruction de la vieille société sera consommée. Cette peinture fantastique est évidemment empruntée à Fourier, seulement on y renchérit sur lui.

Il y aura, s'écrie-t-il, un ciel nouveau et une terre nouvelle.

Allusion transparente aux cinq lunes et à la couronne boréale.

Et il n'y aura plus ni deuil, ni cri, ni travail ; car ce qui était était auparavant sera passé.

Lisez : Le travail sera attrayant, ce qui évidemment équivaut à sa suppression.

Ensuite il décrit un extravagant phalanstère dont les murs sont de jaspe, les maisons d'or pur, et autres puérilités du même genre.

Enfin, dans ce séjour fabuleux, tout sera gratuit.

Que celui qui a soif vienne, et que celui qui voudra de l'eau vive en prenne gratuitement.

Pardonnez-moi, citoyen procureur-général, d'avoir si longtemps fixé votre attention sur ce mélange d'horreurs et de folies. Un mot seulement encore pour lequel je vous demande le secret. C'est une dénonciation ; dénonciation pieuse et dont je m'honore. Un de vos collègues, un homme qui en toute circonstance s'est montré partisan de la république sage, honnête et modérée, le révérend Athanase Coquerel — lui-même ! — s'est fait le propagateur ardent du livre — le plus révolutionnaire assurément qui ait été écrit — d'où la plupart des extraits précédents sont tirés. Et pourquoi ne le dirais-je pas ? C'est de ses mains que j'ai reçu l'exemplaire où je les ai puisés. Et dans quel lieu ? A l'Oratoire ! Vous êtes

ébahi ! Il fait ce don funeste à tous ceux qu'il marie.
Encore un défenseur de la famille et de la propriété !

Quant à ces affreuses citations, où les pères de
l'Eglise se montrent si mal disposés envers les riches, la
propriété et l'usure, je n'ai point toujours eu besoin de
les puiser dans leurs volumineux travaux. Deux hommes,
dont je vous engage à noter les noms, m'ont facilité la
tache en les réunissant comme à plaisir dans deux petits
livres publiés sous le règne de l'affreux despote dont la
France a secoué le joug en février, et sans donner lieu à
aucune poursuite, ce qui porterait à croire que Louis-
Philippe nourrissait une haine secrète contre la famille et
la propriété, et que les démocrates socialistes ne sont
que des orléanistes déguisés. Je livre le fait à votre appré-
ciation ; pour moi, quand je vous aurai dit : l'un de ces
livres a pour titre : *Histoire des Idées sociales* (R), et l'autre l'*Evangile devant le siècle* (s) ; l'auteur du premier se
nomme VILLEGARDELLE, et l'auteur du second SIMON
GRANGER, j'aurai rempli mon devoir civique.

Tout ceci est donc pour vous faire remarquer que, si ces
apôtres, ces docteurs, ces saints et ces martyrs, revenaient
parmi nous et qu'ils osassent tenir un langage dont personne encore, depuis février, n'a égalé la violence, leur
compte serait bon ! et depuis Jésus-Christ jusqu'au plus
humble des disciples, la seule chose qui leur pendrait au
nez, en l'absence si regrettable de la peine de mort, ce serait la comparution devant les conseils de guerre et tout
ce qui s'en suit.

Quant à nous, citoyens, si, au lieu de suivre l'exemple
des citoyens honnêtes et modérés qui les lapidaient ou
les crucifiaient quand il leur en tombait quelques-uns
sous la main, nous avions prêté une oreille crédule à leurs
enseignements, cette crédulité attestant la méchanceté de
nos cœurs, nous ne devrions nous attendre à aucune pitié quand viendraient à nous frapper les lois préserva-
trices de la morale, de la propriété et de la famille, sous
le coup desquelles nous nous serions volontairement pla-
cés. Mais le fait ayant eu lieu il y a dix-huit siècles, indé-
pendamment de ce que les modernes adorent dans Jésus-
Christ un Dieu, saluent des saints dans ses apôtres, et
vénèrent dans les docteurs les pères mêmes de l'Eglise,
la circonstance de l'éloignement fait qu'on peut raconter
leurs vies, exposer leur doctrine sans encourir aucune pé-
nalité. C'est le bénéfice acquis à l'historien des vieilles
choses que je revendique au moment d'écrire la vie et de
raconter la conspiration du tribun du peuple, Gracchus

Babeuf, mort pour l'égalité; et cette longue exposition des doctrines chrétiennes n'avait d'autre but que de bien établir ma situation; mon droit, au besoin, en recourant à un exemple.

L'exemple est des mieux choisis ; ou plutôt c'était le seul qui s'offrît à moi. Gracchus Babeuf n'eut que deux passions : l'amour des opprimés comme le Christ, la haine de l'oppression comme les pères, que j'ai eu l'honneur de vous présenter.

Si, au lieu de nous précéder de cinquante ans dans la carrière révolutionnaire, Babeuf s'offrait maintenant pour nous conduire, en le suivant, nous serions sûrs d'arriver quelque part comme à Cayenne.

Mais nous ne pouvons nous rapprocher de lui qu'en soulevant un linceul sanglant. Il appartient à l'histoire, et l'HISTOIRE DE LA CONSPIRATION DE BABEUF *est écrite pour raconter et non pour prouver.*

Vous me direz que l'histoire est une grande école de politique ; je ne le conteste pas.

VICTOR MEUNIER.

NOTES

DE

JÉSUS-CHRIST DEVANT LES CONSEILS DE GUERRE.

(P) « Unité de commandement.
» Obéissance.
» Là sera la force comme là est le droit. » (Extrait de l'ordre du jour, en date du 25 juin, par lequel le général Cavaignac est investi du commandement des troupes.)

(Q) « Prêt à rentrer au milieu des simples citoyens, je porterai au milieu de vous le souvenir civique de n'avoir, dans ces grandes épreuves, repris à la liberté que ce que le salut de la République lui demandait lui-même. » (Ordre du jour du 26 juin.)

(R) A Paris, chez Capelle, 10, rue des Grès-Sorbonne. Prix: 1 fr. 25. — La 2e édition *améliorée et augmentée* de: ACCORD DES INTÉRÊTS DANS L'ASSOCIATION et *besoins des communes,* par VILLEGARDELLE, vient de paraître à la même librairie. Prix : 75 centimes.

(S) Ce livre, dont la 1re édition est épuisée, se réimprime sous ce titre: LA CHARITÉ CHRÉTIENNE, par SIMON GRANGER, avec *préface* par VILLEGARDELLE, chez Garnier, Palais-National. Prix : 75 centimes